儒家哲學

梁啓超著

中華書局印行

儒家哲學

目次

儒家哲學

梁任公教授講演

第一章　儒家哲學是什麼

『哲學』二字是日本人從歐文翻譯出來的名詞。我國人沿用之沒有更改。原文爲 Philosophy 由希臘語變出。即愛智之意。因爲語原爲愛智。所以西方人解釋哲學。爲求知識的學問。求的是最高的知識。統一的知識。西方哲學之出發點。完全由於愛智。所以西方學者主張哲學的來歷。起於人類的好奇心。古代人類看見自然界形形色色。有種種不同的狀態。遂生驚訝的感想。始而懷疑。既而研究。於是成爲哲學。

西方哲學最初發達的爲宇宙論。本體論。後來才講到論理學。認識論。宇宙萬有由何而來。多元或一元。唯物或唯心。造物及神是有是無。有神如何解釋。無神如何解釋。……等等。是爲宇宙論所研究的主要問題。此類問題。彼此兩方。持之有故。言之成理。辨論終久不決。後來以爲先決問題。要定出個辨論及思想的方法和軌範。知識從何得來。如何才算精確。還是要用主觀的演繹法。先立原理。後及事實才好。還是採客觀的歸納法、根據事實．再立原理才好．這樣一來．就發生論理學．

再進一步．我們憑什麼去研究宇宙萬有．人人都回答道憑我的知識．但「知識本身」到底是什麼東西呢．若不窮究本源．恐怕所研究的都成砂上樓閣了．於是發生一種新趨向．從前以知識爲「能研究」的主體．如今卻以知識爲「所研究」的對象．這叫做認識論．認識論發生最晚．至康德以後才算完全成立．認識論研究萬事萬物．是由知覺來的眞．還是由感覺來的眞．認識的起原如何．認識的條件如何．認識論在哲學中最晚最有勢力．有人說除認識論外．就無所謂哲學．可以想見其位置的重要了．

這樣說來．西洋哲學由宇宙論或本體論．趨重到論理學．更趨重到認識論．徹頭徹尾都是爲「求知」起見．所以他們這派學問稱爲「愛智學」．誠屬恰當．

中國學問不然．與其說是知識的學問．毋寧說是行爲的學問．中國先哲雖不看輕知識．但不以求知識爲出發點．亦不以求知識爲歸宿點．直譯的 Philosopy 其函義實不適於中國．若勉強借用．祇能在上頭加上個形容詞．稱爲人生哲學．中國哲學以研究人類爲出發點．最主要的是人之所以爲人之道．怎樣才算一個人．人與人相互有什麼關係．

世界哲學大致可分三派．印度猶太埃及等東方國家．專注重人與神的關係．希臘及現代歐洲．專注重人與物的關係．中國專注重人與人的關係．中國一切學問．無論那一時代．那一宗派．其趨向皆在此一點．尤以儒家爲最博深切明．

儒家哲學範圍廣博．概括說起來．其用功所在．可以論語「修己安人」一語括之．其學問最高目的．可以莊子

『內聖外王』一語括之．做修己的功夫．做到極處．就是內聖．做安人的功夫．做到極處．就是外王．至於條理次第．以大學上說得最簡明．大學所謂『格物致知誠意正心修身』就是修己及內聖的功夫．所謂『齊家治國平天下』就是安人及外王的功夫．

然則學問分做兩橛嗎．是又不然．大學結束一句『一是皆以修身為本』．格致誠正．只是各人完成修身工夫的幾個階級．齊家治國平天下．只是各人以已修之身去齊他治他平他．所以『自天子以至於庶人』都適用這種工作．論語說『修己以安人』．加上一個『以』字．正是將外王學問納入內聖之中．一切以各人的自己為出發點．以現在語解釋之．即專注重如何養成健全人格．人格鍛鍊到精純．便是內聖．人格擴大到普徧．便是外王．儒家千言萬語．各種法門．都不外歸結到這一點．

以上講儒家哲學的中心思想．以下再講儒家哲學的範圍．孔子嘗說．『智仁勇三者．天下之達德也．』『知者不惑．仁者不憂．勇者不懼．』自儒家言之．必三德具備．人格才算完成．這樣看來．西方所謂愛智．不過儒家三德之一．即智的部分．所以儒家哲學的範圍．比西方哲學的範圍闊大得多．

儒家既然專講人之所以為人．及人與人之關係．所以他的問題．與歐西問題．迥然不同．西方學者．唯物唯心．多元一元的討論．儒家很少提及．西方學者所謂有神無神．儒家亦看得很輕．論語說．『子不語怪力亂神．』孔子亦說．『未知生．焉知死．』把生死神怪．看得很輕．這是儒家一大特色．亦可以說與近代精神相近．與西方古代之空洞談玄者不同．

儒家哲學的缺點．當然是沒有從論理學認識論入手．有人說他空疏而不精密．其實論理學認識論．儒家並不是不講。不過因爲方面太多用力未專所以一部分的問題不如近代人說得精細。這一則是時代的關係。再則是範圍的關係。不足爲儒家病。

東方哲學辨論得熱鬧的問題是些什麼。如

一、性之善惡。孟荀所討論。
二、仁義之內外。告孟所討論。
三、理欲關係。宋儒所討論。
四、知行分合。明儒所討論。

此類問題。其詳細情形。到第五章再講。此地所要說明的。就是中國人爲什麼注重這些問題。他們是要討論出一個究竟以爲各人自己修養人格或施行人格教育的應用目的。並不是離開了人生。翻騰這些理論當玩意兒。其出發點既與西方之以愛智爲動機者不同。凡中國哲學中最主要的問題。歐西古今學者皆未研究。或研究的路徑不一樣。而西方哲學中最主要的問題有許多項中國學者認爲不必研究。有許多項中國學者認爲值得研究。但是沒有研究透徹。

另外有許多問題是近代社會科學所研究的。儒家亦看得很重。在外王方面。關於齊家的。如家族制度問題。關於治國的。如政府體制問題。關於平天下的。如社會風俗問題。所以要全部了解儒家哲學的意思不能單以現代哲學解釋之。儒家所謂外王。把社會學政治學經濟學……等等都包括在內。儒家所謂內聖。把教育學心理學人類學……等等都包括在內。

因爲這個原故所以標題『儒家哲學』四字很容易發生誤會單用西方治哲學的方法研究儒家研究不到儒家的博大精深處最好的名義仍以『道學』二字爲宜先哲說『道者非天之道非地之道人之所謂道也』又說『道不遠人遠人不可以爲道』道學只是做人的學問與儒家內容最脗合但是宋史有一個道學傳把道學的範圍弄得很窄限於程朱一派現在用這個字也易生誤會只好亦不用他

要想較爲明顯一點不妨加上一個『術字』卽莊子天下篇所說『古之道術有在於是者』的『道術』二字道字本來可以包括術但再分細一點也不妨事道是講道之本身術是講如何做去才能圓滿儒家哲學一面講道一面講術一面教人應該做什麼事一面教人如何做去

就前文所舉的幾個問題而論如性善惡問題討論人性本質是偏於道的如知行分合問題討論修養下手功夫是偏於術的但討論性善惡目的在教人如何止於至善以去其惡是道不離術討論知行目的在教人從知入手或從行入手以達到理想的人格境界是術不離道

外王方面亦然『民德歸厚』是道用『愼終追遠』的方法造成他便是術『政者正也』是道用『子帥以正』的方法造成他便是術『平天下』『天下國家可均』是道用『所惡於上毋以使下所惡於下毋以事上……』的『絜矩』方法造成他便是術道術交修所謂『六通四闢小大精粗其運無乎不在』儒家全部的體用實在是如此

由此言之本學程的名稱實在以『儒家道術』四字爲最好此刻我們仍然用『儒家哲學』四字因爲大家都用慣了『吾從衆』的意思如果要勉強解釋亦未嘗說不通我們所謂哲卽聖哲之哲表示人格極其高尚

不是歐洲所謂 Philosophy 範圍那樣窄這樣一來名實就符合了、

第二章　爲什麼要研究儒家哲學

爲什麼要研究儒家道術這個問題本來可以不問因爲一派很有名學說當然值得研究我們從而研究之那本不成問題不過近來有許多新奇偏激的議論在社會上漸漸有了勢力所以一般人對于儒家哲學異常懷疑青年腦筋中充滿了一種反常的思想如所謂『專打孔家店』『綫裝書應當抛在茅坑裏三千年』等等此種議論原來可比得一種劇烈性的藥品無論怎樣好的學說經過若干時代以後總會變質攙雜許多凝滯腐敗的成分在裏頭譬諸人身血管變成硬化漸漸與健康有妨礙因此須有些大黃芒硝一類瞑眩之藥瀉他一瀉所以那些奇論我也承認他們有相當的功用但要知道藥到底是藥不能拿來當飯吃若因爲這種議論新奇可喜便根本把儒家道術的價值抹煞那便不是求眞求善的態度了現在社會上既然有了這種議論而且很占些勢力所以應當格外仔細考察一回我們要研究儒家道術的原因除了認定爲一派很有名的學說而研究之以外簡括說起來還有下列五點

一中國偌大國家有幾千年的歷史到底我們這個民族有無文化如有文化我們此種文化的表現何在以吾言之就在儒家

我們這個社會無論識字的人與不識字的人都生長在儒家哲學空氣之中中國思想儒家以外未嘗沒有旁的學派如戰國的老墨六朝唐的道佛近代的耶回以及最近代的科學與其他學術凡此種種都不能拿儒家

範圍包舉他們．凡此種種．俱爲形成吾人思想的一部分．不錯．但是我們批評一個學派，一面要看他的繼續性．一面要看他的普遍性．自孔子以來．直至於今．繼續不斷的．還是儒家勢力最大．自士大夫以至台輿皂隸．普遍崇敬的．還是儒家．信仰最深．所以我們可以說研究儒家哲學．就是研究中國文化．

誠然儒家以外．還有其他各家．儒家哲學．不算中國文化全體．但是若把儒家抽去．中國文化．恐怕沒有多少東西了．中國民族之所以存在．因爲中國文化存在．而中國文化．離不了儒家．如果要專打孔家店．要把綫裝書拋在茅坑裏三千年．除非認過去現在的中國人．完全沒有受過文化的洗禮．這話我們肯甘心嗎．

中國文化以儒家道術爲中心．所以能流傳到現在．如此的久遠與普遍．其故何在．中國學術．不滿人意之處尙多．爲什麼有那些缺點．其原因又何在．吾人至少應當把儒家道術．細細研究．從新估價．當然該有許多好處．不然．不會如此悠久綿遠．我們很公平的先看他好處是什麼．缺點是什麼．有好處．把他發揚．有缺點．把他修正．

二．鄙薄儒家哲學的人．認爲是一種過去的學問．舊的學問．這個話．究竟對不對．一件事物．到底是否以古今新舊爲定善惡的標準．這是一個很大的問題．

我們不能說新的完全是好的．舊的完全是壞的．亦不能說古的完全都是．今的完全都不是．古今新舊．不足以爲定善惡是非的標準．因爲一切學說．都可以分爲兩類．一種含有時代性．一種不含時代性．卽禮記所謂『有可與民變革者．有不可與民變革者．』

有許多學說．常因時代之變遷．而減少其價値．譬如共產與非共產．就含有時代性．究竟是共產相利．還是集產相利．抑或勞資調和相利．不是含時代性．就是含地方性．有的在現在適用．在古代不適用．有的在歐洲適用．在

中國不適用
有許多學說不因時代之變遷。而減少其價値。譬如不患寡而患不均。不患貧而患不安。利用厚生。量入爲出。養人之欲給人之求。都不含時代性。亦不含地方性。古代講井田固然適用。近代講共產亦適用。中國重力田固然適用。外國重工商亦能適用。

儒家道術。外王的大部分含有時代性的居多。到現在抽出一部分不去研究他也可以。還有內聖的全部。外王的一小部分。絕對不含時代性。如智仁勇三者。爲天下之達德。不論在何時何國何派。都是適用的。

關于道的方面。可以說含時代性的甚少。關于術的方面。雖有一部分含時代性。還有一部分不含時代性。譬如知行分合問題。朱晦菴講先知後行。王陽明講知行合一。此兩種方法。都可用研究他們的方法。都有益處。儒家道術。大部分不含時代性。不可以爲時代古思想舊而拋棄之。

三。儒家哲學有人謂爲貴族的非平民的。個人的非社會的。不錯。儒家道術。誠然偏重私人道德。有點近於非社會的。而且二千年來誦習儒學的人都屬於「士大夫」階級。有點近於非平民的。但是這種現象。是否儒學所專有。是否足爲儒學之病。我們還要子細考察一回。

文化的平等普及。當然是最高理想。但眞正的平等普及之實現。恐怕前途還遠著哩。美國是最平民的國家。何嘗離得了領袖制度。俄國是勞農的國家。還不是一切事由少數委員會人物把持指導嗎。因爲少數人誦習受持。便說是帶有貴族色彩。那麼。恐怕無論何國家。無論何派學說。都不能免。何獨責諸中國。責諸儒家呢。況且文化這件東西。原不能以普及程度之難易。定其價値之高低。李白杜甫詩的趣味。不能如白居易詩之易於普及享受白居易詩之趣味，又不能如盲女彈詞之易於普及享受，難道我們可以說天雨花比白氏長慶集好，長慶集又比李杜集好嗎，現代最時髦的平民文學，平民美術，益處雖多，然把文學美術的品格降低的毛病也不小，這是不能否認的事實，何況哲學這樣東西，本來是供少數人研究的，主張「平民哲學」這名詞是否能成立，我不能不懷疑。

儒家道術偏重士大夫個人修養，表面看去，範圍似窄，其實不然，天下事都是士大夫或領袖人才造出來的，士大夫的行為關係全國的安危治亂及人民的幸福疾苦最大，孟子說得好，『惟仁者宜在高位，不仁而在高位，是播其惡於衆也』，今日中國國事之敗壞，那一件不是由在高位的少數個人造出來，假如把許多掌握權力的馬弁強盜都換成多讀幾卷書的士大夫，至少不至鬧到這樣糟，假使穿長衫的穿洋服的先生們，眞能如儒家理想所謂『人人有士君子之行』，天下事有什麼辦不好的呢，我們受高等教育的青年，將來都是社會領袖，造福造禍，就看我們現在的個人修養何如，儒家道術專注重此點，能說他錯嗎。

四有人說自漢武帝以來，歷代君主，皆以儒家作幌子，暗地裏實行高壓政策，所以儒家學問成為擁護專制的學問，成為奴辱人民的學問。

誠然歷代帝王假冒儒家招牌，實行專制，此種情形，在所不免，但是我們要知道，幾千年來，最有力的學派，不惟不受帝王的指使，而且常帶反抗的精神，儒家開創大師，如孔孟荀，都帶有很激烈的反抗精神，人人知道的，可以不必細講，東漢為儒學最盛時代，但是後漢書黨錮傳，皆屬儒家大師，最令當時帝王頭痛，北宋二程，列在元祐黨籍，南宋朱熹，列在慶元黨籍，當時有力的人，摧殘得很利害，又如明朝王陽明在事業上雖曾立下大功在學問上到處都受摧殘．由此看來．儒家哲學也可以說是伸張民權的學問．不是擁護專制的學問．是反抗壓迫的學問．不是奴辱人民的學問．所以歷代儒學大師．非惟不受君主的指使．而且常受君主的摧殘．要把賊民之罪加在儒家身上．那眞是寃透了．

五．近人提倡科學．反對玄學．所以有科學玄學之爭．儒家本來不是玄學．誤被人認是玄學．一同排斥．這個亦攻擊．那個亦攻擊．幾于體無完膚．

玄學之應排斥與否．那是另一問題．但是因爲排斥玄學．於是排斥儒家．這就未免太寃儒家的朱陸．有無極太極之辯．誠然帶點玄學色彩．然這種學說．在儒家道術中．地位極其輕微．不能算是儒家的中心論點．自孔孟以至陸王．都把邈空虛搆的本體論．擱置一邊．那能說是玄學呢．

再說無極太極之辯．實際發生於受了佛道的影響以後．不是儒家本來面目．並且此種討論．仍由擴大人格出發．乃是方法．不是目的．與西洋之玩弄光景者不同．所以說玄學色彩最淺最淡．在世界要算中國．在中國要算儒家了．

儒家與科學．不特兩不相背．而且異常接近．因爲儒家以人作本位．以自己環境作出發點．比較近於科學精神．至少可以說不違反科學精神．所以我們儘管在儒家哲學上力下工夫．仍然不算逆潮流背時代．

據以上五種理由．所以我認爲研究儒家道術．在今日實爲有益而且必要．

第三章　儒家哲學的研究法

哲學的研究法，大概可分三種。

一、問題的研究法。

二、時代的研究法。

三、宗派的研究法。

無論研究東方哲學或研究西方哲學，這三種方法皆可適用，各有長處，亦各有短處。儒家哲學的研究，當然亦離不了這三種方法。現在先把每一種方法的長處及其短處，先說明一下。

一、問題的研究法。所謂問題的研究法，就是把哲學中的主要問題，全提出來，每一個問題，其內容是怎樣，從古到今各家的主張是怎樣。譬如儒家哲學的問題，就是性善性惡論，知行分合論……等等。有許多問題，前代沒有，後代才發生的，有許多問題，前代很重視，後代看得很輕了，又有許多問題，自發生後，幾千年始終繼續不斷，無論那家，無論東西，都有這種問題。把所有這種問題，分爲若干章，將先後學的主張，總括起來，加以研究。

譬如性善性惡問題，秦以前，孔子孟子荀卿，如何主張，到了漢朝，董仲舒王充，又如何主張，唐以後，韓愈李翺，如何主張，宋明程朱陸王，如何主張，直到滿清顏習齋戴東原，又如何主張，把所有關於這個問題的議論，全都搜集在一塊，然後細細研究，考察各家的異同得失。

這種方法的長處，是對於一個問題，自始至終，有系統的觀念，得徹底的了解，從前各家主張的內容若何，現在研究到什麼程度，都很明瞭，不至茫無頭緒，亦不至漫無歸宿，這是他的優點。

這種方法的短處。是對於各個學者。全部學說。不能普遍周衍。凡在哲學上大問題。作有力的解答的人。都是有名學者。但這些學者。不單解答一個問題。旁的方面尚多。而且要了解一個問題。不能不注意其他方面。因爲彼此兩方。往往有連帶關係。

譬如性善論。是孟子主張的。性惡論。是荀子主張的。他們學問的全部系統。與性善性惡。都有關係。孟子爲什麼要主張性善。荀子爲什麼要主張性惡。牽連很多。因爲性善惡的問題。牽到許多問題。不單是牽到許多問題。而且引動全部學說。

要是問題簡單。比較尚還容易。問題稍爲複雜。那就異常紛亂。單講本問題。則容易把旁的部分拋棄。不能得一家學說的眞相。旁的部分都講。則頭緒未免紛繁。很難抓住要點。

二。時代的研究法 所謂時代的研究法。專看各代學說的形成發展變遷。及其流別。把幾千年的歷史。劃分爲若干時代。在每時代中求其特色。求其代表。求其與旁的所發生的交涉。

譬如講儒家哲學。大概分爲孔子一個時代。自春秋到秦。七十子及七十子後學者。一併包括在內。兩漢爲一個時代。自西漢初至東漢末。把董仲舒劉向馬融鄭玄等。一併包括在內。魏晉到唐。爲一個時代。何晏王弼到韓愈李翺。都包括在內。宋元明爲一個時代。自宋初至明末。把周程朱張及陸九淵王陽明等。一併包括在內。清代爲一個時代。自晚明至民國。把顧炎武黃梨洲顏習齋戴東原等。一併包括在內。

這種方法。其長處在於把全部學術。幾千年的狀況。看得很清楚。一時代的特色。說得很明白。各家的學說。懂得很完全。同源異流。同流交感。我們都把他研究得異常仔細。譬如春秋時代。不單講儒家。還要講道家墨家。又如孟子荀子，不單看他們的性善惡論，還要看他們旁的方面，其主張若何，所以學問的變遷，或者進化，或者腐敗，都可以看得清楚。

這種方法，其短處在全以時代區分，所有各家關於幾個重要問題的答案，截為數段，譬如討論性善惡的問題，最早是孟子荀卿，一個主張性善，一個主張性惡，過了百多年，到董仲舒王充，主張性有善有惡，又過千多年，才到程朱，又分為天地之性，氣質之性二種，又許多年，才到顏習齋戴東原，又主張祇有氣質之性，性即是欲，不可强分為二。

關於這些問題的主張和答案，看得斷斷續續，不很痛快，哲學不外幾個重要問題，一個問題都弄不清楚，也就失却哲學的要義了，而且一個問題要說幾次，譬如論性，講究孟荀，又講程朱，講完程朱，又講顏戴，說後來的主張時，不能不把前人的主張重述一次，也覺令人討厭。

三，宗派的研究法。　所謂宗派的研究法，就是在時代之中，稍為劃分清楚一點，與前面兩法，又自不同，如講儒家宗派，西漢經學，有所謂今文古文之分，今文學派內容怎樣，西漢如何興盛，東漢如何衰歇，清代又如何復興，古文學派內容怎樣，南北朝如何分別，後來如何爭辯，清代以後，如何消滅，要把兩派的淵源流別，追尋出來，又如程朱陸王，本來同出二程，然自南宋時，已分兩派，彼此相持不下，朱子以後，元朝吳草廬，明朝顧涇陽高宗憲都屬此派，清代許多假道學家亦屬此派，就是戴東原雖講漢學，然仍出自程朱，陸子以後，明朝陳白沙王陽明都屬此派，清初黃梨洲李穆堂亦屬此派。

一個學派，往往歷時很久，一綫相承，連綿不絕，有許多古代學派，追尋究竟，直影響到後來，有許多後代學派，詳徹本原。早伏根於往古。即如程朱陸王。是後代的學派。但往上推去。乃導源於孟荀。程朱學派。出於荀子。清代考據學派。又出自程朱。陸王學派。出於孟子。近人以佛學融通儒學。則又出自陸王。

這種方法其長處在於把各派的起原變遷流別上下千古一綫相承。說得極其清楚。這派與那派。有何不同之處。兩派交互間又有什麼影響。也說得很明白。我們研究一種學說要整個的完全的了解。當然走這條路最好。這種方法其短處在於不能得時代的背景和問題的眞相。第一第二兩種研究法的優點。完全喪失無遺。一個時代的這一派。我們雖然知道。但這派以外的學說。我們就很茫然。一個問題的這種主張。我們雖然清楚。但這種主張以外的議論。我們也許就模糊了。

上面所說三種研究方法。各有長處。亦各有短處。我們從事研究哲學的人。三法都可適用。諸君要研究儒家哲學。可以分開來作。有幾個作時代的研究。有幾個作宗派的研究。有幾個作問題的研究。各走各的路。不特不是相反。而且是以相成。

此部講義不能三種並用。三種之中。比較起來。用時代的研究法稍爲便捷一點。因爲時代的研究法。最能令人得到概念。所以本講義以時代的研究法爲主。至於問題的研究法。宗派的研究法。在一時代之中。努力加以說明。例如一個問題在這個時代討論得最熱鬧。本時代中特別講得詳些。以前以後。稍略。一個宗派發生於這個時代。本時代中特別講得細些。價值流別。連類附及。

此次講演大概情形如此。我的講演。因爲時間的關係。說得很簡單。不過略示模範而已。諸君能夠依照所說。分工作去。一定比我的還要詳細。還要精密得多。

附帶要說的。有兩件事情。應當特別注意。就是大學者以外。一時代之政治社會狀況。與儒家以外所有各家的重要思想。

一大學者外。一時代之政治社會狀況　儒家道術。（哲學二字我實在不愛用。）在中國歷史上。因緣太久。關係太深。國民心理的大部分都受此派影響。因此我們將來研究。與研究一般西洋哲學不同。所謂西洋哲學。那才眞是貴族的少數人愛智娛樂的工具。研究宇宙來源。上帝存否。惟有少數貴族。才能領悟。得到。晚近雖力求普遍。漸變平常。但是終未做到。儒家道術。因爲籠罩力大。一般民衆的心理風俗習慣無不受其影響。所以研究儒家道術。不單看大學者的著述。及其理論。並且要看政治上社會上所受他的影響。

儒家道術。不獨講正心修身。還要講治國平天下。所以二千年來政治好的壞的方面。儒家道術。至少要佔一半。我們研究儒家道術時。一面看他所與政治社會的影響。一面看政治社會所與他的反響。這種地方一點不能放過。應當常常注意。

還有一層。就是一般風俗習慣。亦與儒家道術。關係很深。儒家雖非宗教。但是講道德講實踐的時候很多。並且所講道德實踐。與宗教家不同。偏於倫常方面。說明人與人相處之道。一般人的行動受其影響極大。所以研究儒家道術。可以看出風俗的汚隆高下。如顧亭林日知錄所講歷代風俗那幾條。說得很透徹。東漢風俗最好。因爲完全受儒家道術的支配。兩晉風俗最壞。因爲受儒家以外其他學說的影響。一面研究儒家道術。一面看國民心理的趨向。社會風俗的變遷。這一點也應常常注意。

二儒家以外所有各家重要思想。　大凡一種學說。不能不受旁種學說的影響。影響的結果。當然發生變化。無論或變好。或變壞。總而言之。因爲有旁的學說發生。或衝突。或調和。把本來面目改了。世界上無論那家學說。都不能逃此公例。

儒家道術。在中國實佔在主人翁的地位。勢力最强。無論那家都比不上。自孔子起到現在。一綫相承。始終沒有斷絕過。研究中國思想。可以儒家道術。作爲主人翁。但是因爲客來得很多。常常影響到主人。所以主人翁的態度。亦隨時變遷。

最重要的客人。有下列幾個。

在先秦時代。有司馬談所謂六家。劉歆班固所謂九流。六家九流。大概皆出自孔子以後。而勢力最大。幾與儒家對抗的。要算道家墨家。以後才發生法家陰陽家農家……等。這幾家都是對於儒家不滿。從新另立門戶。最盛的。與儒家立於對等地位。甚至於比儒家的勢力還要大些。不過爲時很暫。不能夠繼續不斷。永遠作社會思想中心的。還是儒家。因爲有這幾家的關係。無論他們持贊成的論調。或反對的論調。儒家本身。不能不起一種變化。孟荀是儒家大師。但兩人都受道墨兩家的影響。

漢初道家極盛。魏晉後更由九流之一。一變而爲道教。道教的發生。亦受儒家很大的影響。由東漢末至隋唐。佛教從西方輸入。因爲佛教是一個有組織有信條有團體的學派。勢力很大。根基亦很鞏固。自從他輸入以後。儒家自家。就起很大的變化了。

近世晚明時代。基督教從歐洲傳到中國。攜帶所謂西方哲學及幼稚的科學。在當時雖未大昌。然實與儒家哲學以極大的刺激。降至最近百餘年間。西方的自然科學。大大發達。在中國方面科學雖屬幼稚。而輸入的亦很多。儒家哲學幾有被其排斥之勢。

西洋的政治理論亦與儒家哲學有很深的關係。因爲儒家講內聖外王。政治社會。在本宗認爲重要。凡歐洲新的政治學說社會主義。皆與儒家以極大的影響。因受外界的刺激。內部發生變化。這幾個重要關頭。不可輕易放過。我們研究主人翁的態度。至少要看他發展的次第。某時代有什麼客來。主人翁如何對付。離開這種方法。不能了解主人翁態度的變遷。

所以研究儒家道術。須得對於諸家。有普通的常識。即如先秦時代有多少學派。大概情形如何。對儒家有何影響。漢魏時代道教如何成立。大概情形如何。對儒家有何影響。隋唐之交。佛教如何興盛。大概情形如何。對儒家有何影響。晚明基督教及西洋哲學。如何輸入。大概情形如何。於儒家有何影響。最近自然科學及社會主義如何傳播。其大概情形如何。於儒家有何影響。雖然不能有精密的研究。然不能不得普通的常識。

上面所述二事。第一。大學者外。各時代的政治狀況。社會情形。受儒家什麼影響。與儒家以什麼影響。第二。儒家以外所有各家的重要思想。因儒家而如何變遷。儒家又因各家思想而如何變遷。此在欲了解儒家道術。欲尋得儒家知識的研究方法。除此以外。全不是正確的路徑。全是白費氣力。

還有一層更爲重要。就是儒家的特色。不專在知識。最要在力行。在實踐。重知不如重行。行的用功。此處用不着說。正所謂『不在多言。顧力行如何耳。』眞要學儒者。學孔子之道。不單在知識方面看。要在實行方面看。從孔子起。歷代大師。其人格若何。其用功若何。因性之所近。隨便學那一個。祇要得幾句話。就可以終身受用不盡。眞要學儒家道術。是活的。不是死的。祇須在此點用功。並不在多。而且用不着多。

第四章　二千五百年儒學變遷概略（上）

上次講研究哲學有問題的時代的宗派的三種方法。各有長處。各有短處。問題的研究法固然好。但本講演用來不方便。所以先在前論最末一章專講儒家哲學之重要問題。以為補充時代的研究法。固然亦有短處。但用之講演最為相宜。所以本論各章全用這個方法。惟如不先提綱絜領不能得一個大意。現在要講二千五百年儒學變遷概略。就是想使諸君先得一個大意。這個題目講來很長。打算分作兩章。上章從孔子起到唐代止。下章從北宋起到現在止。

儒家道術。從何時起。孔子以前。有無儒學。此類問題。留到本論再講。現在要簡單說明的。就是凡一學派。都不是偶然發生。雖以孔子之聖。亦不能前無所承。不過儒家道術至孔子集其大成。所以講儒學從孔子講起。未嘗不可。孔子學說全部如何。亦留到本論再講。我們所應當知道的。就是儒家道術。孔子集其大成。以後二千多年。都由孔子分出。在一方面因為孔子的話辭句簡單而含義豐富。所以後來研究孔子學說的人可以生出種種解釋。同為儒家。下面又分出許多學派。在他一方面。因為孔子的主張。平庸中正。有許多認為不滿意的人創為反動學派。既有反動學派發生。孔子弟子及後學受其影響。對於本派學說或加修正或全變相。所以從孔子起分兩大支。有因辭句簡單而解釋不同的。有因受旁的影響而改換面目的。不可不加注意。

先講儒家以外的學派。孔子之後。新出的重要學派。可分為二。一。墨家。二。道家。皆起於孔子死後數十年乃至百年。墨家出於孔後。自是不成問題。道家向來認為出在孔前。或與孔子同時。依我看來。都不大對。老子五千言歷來認爲孔子以前的作品．我一向很懷疑．時間愈長．愈認確實．不是本問題所關．暫不細講．但因要說明重要學派的順序．不妨略講幾句．

孔子學說．最主要者爲「仁」．仁之一字．孔子以前．無人道及．詩及尙書二十八篇．皆不曾提到以仁爲人生觀的中心．這是孔子最大發明．孔子所以偉大．亦全在此．老子書中講仁的地方就很多．『失德而後仁．失仁而後義．』這全爲孔子而發．假使孔子不先講仁．老子亦用不着破他了．此外壓倒仁字的地方正很多．如『天地不仁．以萬物爲芻狗．』『上仁爲之而無以爲．』『大道廢有仁義．』『絕仁棄義．民復孝慈．』等語．可知老子之作．實在孔子的「仁」字盛行以後．不惟如此．義之一字．孔子所不講．孔子祇講智仁勇．仁義對舉．是孟子的發明．而老子書中講仁義的地方亦很多．可知不惟不在孔子之前．還許在孟子以後．孟子闢異端．他書皆引．未引老子一句．其故可想而知．這種地方．離開事蹟的考據．專從文字下手．雖覺甚空．然仍不失爲有力的佐證．此外尙賢．是墨子所主張的．墨子有尙賢篇．而老子有『不尙賢．使民不爭．』一語．天道鬼神．是墨子所信仰的．墨子有天志篇．明鬼篇．而老子有『以道蒞天下．其鬼不神．』一語．旁的不問．專從思想系統入手．老子一書．似在孔子以後．墨子以後．甚至於孟子以後．啊．從前說九流各家．道家最古．儒家次之．其說非是．應當以儒家爲最古．道家亦儒家盛行後一種反動．爲儒家之對敵的學派．

墨家方面．出在孔後．更不必辯．淮南要略稱『墨子受孔子之道．學儒家之術．』這是說從前研究孔子的道理．後來深感繁重．才從新創立一個學派．墨子是孔子後輩．生於鄒魯之間．其地儒學最盛．年輕時不能不有所習染．淮南之說．甚是．墨家繼儒家而發生．有不以爲然的地方．然後獨樹一幟．因在後輩．影響甚深．墨門弟子．亦與儒家有密切關係．如禽滑釐曾學於子夏．一面爲墨家大師．一面爲孔門再傳弟子．

道家方面既然老子一書．不在孔子之前．則莊子與老子的先後亦成爲問題了．向稱老莊．若使莊子在前．當改稱莊老才是．莊子地位在道家極爲重要．比禽滑釐之在墨家還要重些．莊子學於田子方．田子方學於子夏．所以莊子一面是道家大師．一面是孔門三傳弟子．

由此看來．道墨兩家．亦可以說是儒家的支派．先是承襲．後才獨立．先是附庸．後爲大國．惟旁的儒家．無論如何變化．仍稱孔子之後．道墨兩家既盛．與儒家立於三分的地位．就不承認是孔子之後了．恰如齊桓晉文．雖握霸權．仍尊周室．楚莊王吳夫差一握霸權．便不承認周室的地位．情形正復相同．我們再看最初的儒家．因爲道墨二家獨立後．倡爲反對的論調．與儒家以極大的影響．儒學自身亦有許多變遷．

現在再講孔門直接的學派．韓非子顯學篇說『自孔子之死也．有子張氏之儒．有子思氏之儒．有顏氏之儒．有孟氏之儒．有漆雕氏之儒．有仲良氏之儒．有孫氏之儒．有樂正氏之儒……儒分爲八．』韓非生當始皇的時候．離戰國最近．其說當甚可靠．此種八家．現在可考者．惟孟孫二家．自餘六家無考．其著作見於漢書藝文志的．有子思二十三篇．漆雕子十三篇．然後代亦皆喪失．殊可惋惜．此外四家．在漢朝時已經看不着了．

果如韓非所言．戰國之末．儒分爲八．我們誠然相信．但最初儒家的分裂．恐沒有如此複雜．現在姑且假定．孔子死後．最初分爲二派．有子是一派．曾子是一派．所以論語學而第一章．先說『子曰學而時習之．不亦樂乎．』繼說『有子曰．其爲人也孝弟．而好犯上者鮮矣．』又說『曾子曰．吾日三省吾身．』子是孔子．總觀論語全書．除孔子外．稱子者．惟有若曾參二人．顏淵稱淵而不稱子．因顏淵早死．其學不傳．子夏子貢．亦不稱子．此中消息．殊耐尋味啊，孟子滕文公上說『昔者孔子沒……他日子夏子張子游以有若似聖人，欲以所事孔子事之，強曾子，曾子不可，……』這並不是曾子有意與有子爲難，徒爭意氣，實際是因爲兩人學派大不相同，所以就各人走各人的路了。

大概子夏子游子張三人，因爲孔子死後，門下散落，不能不要一個統率的人，而有若年最高，德最重，故推舉他，作孔門領袖，可知子夏子游子張同是一派，這一派大概對於孔子所說的話，所刪定的經典，爲形式的保守，異常忠實，以有若爲其代表，後來荀子說『其數始於誦經，終於習禮，』可以說是從這一派演出。

曾子另爲一派，不注重形式，注重身心修養，對於有若一派很有些不同的地方，據說曾子的弟子是子思，曾子著作大戴禮有十篇，雖未必能包舉他學說的全部，也可據以窺見一斑，子思著作現存者爲中庸，漢書藝文志有子思十八篇，今原書雖佚，或者禮記中還有若干篇是他的作品，後來孟子專講存心養氣，可以說是從這一派演出，照這樣的分法，孔子死後，門弟子析爲二派，一派注重外觀的典章文物，以有若子夏子游子張爲代表，一派注重內省的身心修養，以曾參子思孟子爲代表，春秋戰國時代的儒學情形，大概可以瞭然了。

孔子道術方面很多，如前所述，一方面講內聖，一方面講外王，可見他不單注重身心修養，並且注重政治社會情形，孔門分四科，一德行，注重修養，後人稱爲義理之學，二言語，注重發表，後人稱爲詞章之學，三政事，注重政治，後人稱爲經濟之學，四文學，注重文物，後人稱爲考證之學，這樣四科，亦還不能算孔子全部學問，至多不過聖人之一體而已，四科之外，還有許多派別不可考的，如韓非子所說儒分爲八，其中孟孫二派有書傳世，可以明白，前面已經說過，子思一派由中庸及禮記可以窺見一斑，也用不着再講，惟漆雕氏一派，即論語上的漆雕開漢書藝文志有漆雕子十三篇可見得他在孔門中位置甚高並有著書流傳極盛在戰國時儼然一大宗派至其精神可於韓非子顯學篇所說『不色撓不目逃行曲則違於臧獲行直則怒於諸侯世主以爲廉而禮之』幾句話中窺見大概純屬游俠的性質孔門智仁勇三德中專講勇德的一派孟子書中所稱北宮黝養勇孟施舍養勇以不動心爲最後目的全是受漆雕開的影響其餘顏氏子張氏仲良氏樂正氏四派本人的著作既不傳世旁人的著作又沒有提到他們所以無從考見了這是我們認爲很不幸的一件事情

孔子死後有七十子七十子後學者一傳再傳門弟子極多學派亦很複雜要研究這些人的學說祇有大小戴的禮記還有一部分材料可考其中十之二三是七十子所記十之七八是七十子後後學所記自孔子至秦約三百年自秦至二戴又百餘年時間如此的長派別如此的複雜而材料如此的短少研究起來很覺費事我們根據漢書藝文志看孔門弟子的著作有下列幾種子思二十三篇曾子十八篇漆雕子十三篇宓子十六篇景子三篇世子二十一篇李克七篇公孫尼子二十八篇芊子十八篇可見西漢末年孔子弟子及再傳弟子著作行世者凡有九家至此九家的內容如何可惜得不着正確資料很難一一考證大概這幾百年間時代沒有多大變化外來影響亦很少不能有好大異同可以附在孔子之後一同研究自春秋經戰國迄秦儒學變遷其大略如此兩漢儒學下次再講

凡一種大學派成立後必有幾種現象

一註解　因爲內容豐富門下加以解釋這種工作的結果使活動的性質變爲固定好像人的血管硬化一樣由活的變成死的這是應有現象之一

二分裂　一大學派內容既然豐富解釋各各不同有幾種解釋就可以發生幾種派別往往一大師的門下分裂爲無數幾家這也是應有現象之一

三修正　有一種主張就有一種反抗既然有反抗學說發生本派的人想維持發展固有學說就發生新努力因受他派的影響反而對於本派加以補充或修正這是應有現象之一

地不論中外時不論古今所有各種學派都由這幾種現象發動出來儒家哲學當然不離此例所以儒家各派亦有註解有分裂有修正

自孔子死後儒家派別不明韓非所說儒分爲八亦不過專指戰國初年而言經戰國及秦到漢數百年間派別一定很多七十子後學者的著作留傳到現在的以大小戴記爲主共八十餘篇其中講禮儀制度的約占三分之二大概自孔子死後子夏子游子張留傳最廣因孔子以禮爲教一般人皆重禮對於禮的內容分析及爭辯很多小戴記的檀弓曾子問都不過小節的辯論這種解釋制度爭論禮儀就是上面所說的第一第二兩種現象所以子夏子游子張以後的儒家一方面是硬化一方面是分裂

同時道家之說孔子死後不久發生老莊的主張在論語中可以看出一點痕跡論語說『君子質而已矣何以文爲』又說『或曰以德報怨何如』這類話很與道家相近道家在孔子後然爲時甚早孔子死後不久卽發生與儒家對抗對於儒家的繁文縟節與以很大的打擊因爲受敵派的攻擊自己發生變化就是上面所說的第三種現象補充或修正前說

儒家自己發生變化究竟如何變法呢我們看易經的繫詞與文言其中有好多話酷似道家口胎本來十翼這

幾篇東西。從前人都說是孔子所作。我看亦不見得全對。繫詞與文言中有許多「子曰」。不應爲孔子語。孔子所作。當然不會自稱子曰。就是沒有子曰的。是否孔子所作。還是疑問。因爲有子曰的皆樸質與論語同。無子曰的皆帶有西洋哲學氣味。大概繫詞與文言非孔子作。乃孔子學派分出去以後的人所作。其中的問題。從前的儒家不講。後來的儒家。不能不講了。

頭一步所受影響。令我們容易看出者爲繫詞與文言。其次則爲禮記中的大學中庸樂記等著作。大抵皆受道家影響以後。才始發生。所以曾子子思一派。講這類的話就很多。中庸一篇。鄭玄謂爲子思作。我們雖不必遽信。但至少是子思一派所作。孟子受業子思之門人。所受影響更爲明顯。孟子之生在孔子後百餘年。那個時候。不特道家發生了很久。而且楊朱墨翟之言盈天下。既然羣言淆亂。互相攻擊。儒家自身不能不有所補充修正。孟子這一派的發生。與當時社會狀況有極大的關係。因爲春秋時代爲封建制度一大結束。那時社會很紊亂。一般人的活動。往往跑出範圍以外。想達一種目的。於是不擇手段。孟子的門弟子。就很羨慕那種活動。所以景春有『公孫衍張儀豈不誠大丈夫哉』的話。可見得當時一般社會都看不起儒家的恬適精神。人羣的基礎。異常搖動。孟子才不惜大聲急呼的要把當時頹敗的風俗人心喚轉過來。

孟子與孔子有許多不同之點。孔子言「仁」。孟子兼言「仁義」。什麼叫義。義者應事接物之宜也。孟子認爲最大的問題。就是義利之辨。其目的在給人一個立脚點。對於出入進退辭受取與。一毫不苟。所以孟子說『得志與民由之。不得志獨行其道。』又說『一芥不以與人。一芥不以取諸人。』都是教人高尚明哲。無論如何失敗。有界限有範圍。出了界限範圍以外。就不作去。可以說對於當時的壞習氣。極力較正。

孔子智仁勇並講所以說『智仁勇三者天下之達德也』孟子專講勇所以說『我四十不動心』『我知言我善養吾浩然之氣』以仁弘義以義輔仁仁以愛人義以持我這種方法孟子極力提倡極力講究

孔子對於性命不很多講或引而不發孔子門人常說『子罕言命』『性與天道不可得而聞也』當孟子的時候道家對於這部分研究得很深儒家如果不舉出自己的主張一定站不住腳所以孟子堂堂正正的講性與天道以爲是敎育的根本孟子七篇中如告子上告子下大部分講性的問題自有不必說其餘散見各篇的很多如『大人者不失其赤子之心者也』『古之人所以大過人者無他焉善推其所爲而已矣』『人之所不慮而知者其良知也人之所不學而能者其良能也』『先立乎其大者則其小者不能奪也』這類話對於當時章句之儒咬文嚼字的那種辦法根本認爲不對

孟子以爲人類本來是好的本着良知良能往前作去不必用人家幫忙不必尋章摘句繁文縟節的討厭煩自己認淸便是對的這種學說可謂對於孔子學說的一種補充掃除章句小儒的陋習高視闊步的來講微言大義我們可以說儒家至孟子起一大變

孟子以後至戰國末年一方面社會的變遷更爲劇烈一方面道墨兩家更爲盛行尤以墨家爲最盛韓非子顯學篇說『今之顯學儒墨也』戰國末年儒墨並舉兩家中分天下墨家對於知的方面極爲注重以知識作立脚點爲各家所不及卽如經上經下經說上經說下諸篇對於客觀事物俱有很精確的見解所以當時墨學幾遍天下同時因爲社會變遷更大的結果豪強兼併詐僞叢生而儒家嚴肅的道德觀念被社會上看作迂腐除了道墨盛行社會輕視以外儒家自身亦有江河日下的趨勢孟子道性善說仁義有點矜才使氣孟門弟子

愈演愈厲，一味唱高調，講鉅子，末流入於放縱誇大，從這一點看去，後來王學一派，有點近似，陽明本身，尙爲嚴肅，門弟子則光怪陸離，無奇不有，因爲孟派末流，有許多荒唐的地方，所以那時儒家很感覺有補充修正的必要，於是乎荀卿應運而出。

史記孟荀列傳稱『荀卿嫉濁世之政，亡國亂君相屬，不遂大道而營於巫祝，信禨祥，鄙儒小拘，如莊周等，又滑稽亂俗，於是推儒墨道德之行事興壞，序列著數萬言』。太史公這幾句話，很能說出荀派發生的動機，當時儒家末流，有許多人專靠孔子吃飯，非十二子篇說『……偷儒憚事，無廉恥而耆飲食，必曰君子固不用力，是子游氏之賤儒也。』記得某書亦說人家辦喪事，儒者跑去混飯吃，這正是太史所謂鄙儒小拘，而莊周末流，則又滑稽亂俗，很能淆惑視聽，莊周是否儒家，尙是問題，莊周出於田子方，田子方是子夏的門生，孟子出於子思，子思是曾子的門生，莊孟二人，很可以啣接得起來，在這儒道末流，俱有流弊的時候，荀卿這派，不得不出頭提倡改革了。

前面說墨家長處，在以知識爲立脚點，荀子很受他們的影響，對於知識，以有條理有系統爲必要，他的解蔽正名諸篇，所討論都是知識的問題，譬如論理的憑藉是什麼，知識的來源是什麼，這類問題，孔孟時所不注重，到了荀子，就不能不注重了，這是荀子受墨家的影響而創爲儒家的知識論，此外受墨家影響的地方還多，墨子有天志明鬼論，最信鬼神，荀子的天論等篇，正是對墨而發，與墨子持反對的論調。

當時一般人，對於嚴肅修養的功夫，都認爲迂腐，不肯十分注意，孟子一派，雖提出自己的主張，不特不能救鄙儒小拘的學風，甚或爲作僞者大言欺人的工具，到了荀子，極力注重修養，對於禮字，從新另下定義，孔子言仁，孟子言義。荀子言禮。以禮爲修養的主要工具。孟子主張內發。荀子主張外範。孟子說性是善的。隨着良知良能做去。荀子說性是惡的。應以嚴肅規範爲修束身心的準繩。所以荀子的學說。可以說是戰國末年。對於儒家的一大修正。

今天所講孟荀學說。講得很簡單。以下另有專篇。專門講他二人。自孔子死後。儒家的變遷。其大概情形如此。還有一種現象。西漢以前儒家學派。可以地域區分。所謂齊學魯學。風氣各自不同。魯是孔子所居的地方。從地理方面看。在泰山以內。壤地褊小。風俗謹嚴。從歷史方面看。自周公以來。素稱守禮之國。又有孔子誕生。門弟子極多。魯派家法嚴正。呆板狹小。有他的長處。同時亦有他的短處。齊與魯接壤。蔚爲大國。臨海富庶。氣象發皇。海國人民。思想異常活潑。直接隸屬孔門的時候。齊魯學風。尚無大別。以後愈離愈遠。兩派迥不相同了。若以歐洲學風比之。魯像羅馬。齊像希臘。

齊派學風的特色。可以三鄒子作爲代表。史記孟荀列傳稱『齊有三騶子。其前鄒忌。……其次鄒衍。……鄒奭。』三騶是否儒家。尚待研究。雖非直接由儒家出。但亦受儒家的影響。鄒衍主九洲之外。尚有九洲。可見其理想力之强。但彼好推言「終如五德之運」。這種學說。衍爲方士的思想。（不是道家）司馬談六家要旨名之爲陰陽家。後代相仍未改。這種人以儒者自居。社會上亦把他們當作儒者看待。秦始皇坑儒生。人皆以爲大罪。其實所坑的儒生七十餘人。都是方士陰陽家一派。如盧生韓生。最初替始皇求不死之藥。歷年不得。又造爲種種謠語。始皇才把他們坑殺了。這一派在戰國末年頗盛。如果說是由儒家變出。可以說是由齊派演化出來。

自秦以前。同爲儒家。有齊魯兩派。其不同之點。既如上述。到漢。兩派旗幟。更爲顯明。甚至於互相攻擊。漢人對於儒家的貢獻。祇是他的整理工作。旁的很少值得注意的地方。凡是一個社會。經過變化之後。秩序漸趨安定。就做整理的工夫。所以漢人發明者少。一部分的精神用在整理方面。一部分精神用在實行方面。漢代四百年間。其事業大致如此。

至於思想學術。漢代亦較簡單。漢時墨家業已消滅。祇剩道儒兩家。道家整理工作的表現。在於淮南子。淮南子一書可謂戰國以來總括許多學說。爲一極有系統之著述。儒家整理工作的表現。在於治經。漢儒治經分今文古文兩派。西漢爲今文獨盛時代。東漢爲今古文互爭時代。東漢前半今文很盛。到了末年大學者都屬古文家。今文純至消滅。西漢全期今文家都很盛。古文家不過聊備一格而已。

西漢經學共立十四博士。計易有施孟梁丘三家。均出田何。爲齊派。書有歐陽大小夏侯三家。均出伏生。爲齊派。詩有魯齊韓三家。齊詩出於齊派。禮有大小戴及慶氏三家。無齊無關。爲魯派。春秋有嚴顏兩家。均出公羊。爲齊派。總觀十四博士之中。九家出齊。此外論語有齊論語及魯論語。以此言之。西漢儒學大部屬齊。魯學很衰。春秋之穀梁學屬魯派。然西漢時無博士。其學不昌。惟魯詩極發達。齊詩韓詩。俱不能及。

齊派學風的特色。在與陰陽家——鄒衍一派結合。上文業已提到過了。即如易的施孟梁丘三家。今無傳。當時所講占驗象數爲多。伏生尙書講中候五行。大傳亦多與陰陽結合。齊詩講五際六情。公羊春秋多講災異。西漢學風。齊派最盛。其中頗多方士及陰陽家語。

西漢末年古文始出。古文家自以爲孔派眞傳。斥今文爲狂妄。今文家自以爲儒學正宗。斥古文爲僞作。漢時所謂今文古文之辯。各部經都有。而周禮左傳辯論最烈。其後馬融賈逵服虔許愼劉歆皆從古文。是以古文大盛。

今文家專講微言大義.對於古書的一字褒貶.皆求說明.古文家專講訓詁名物.對於古書的章句制度.皆求了解.古文家法謹嚴.與魯派相近.今文家法博大.與齊派相近.所以兩漢經學.一方面爲今古文之爭.一方面即齊魯派之爭.自鄭玄雜用今古文.今古學乃復混

上面說西漢經學.立十四博士.有今文古文的爭執.有齊派魯派的不同.又說兩漢工作.最主要的是解經方法.魯派即古文家.注重考釋.專講名物訓詁.齊派即今文家.頗帶哲學氣味.講究陰陽五行.這些都是經生.沒有什麼特別的地方.可以不講.經生以外.還有許多大儒.他們的思想學術.自成一家.應當格外注意.以下一個一個的分開來講.

一.董仲舒.他是西漢第一個學者.受陰陽家的影響.對於儒學.發生一種變化.荀子反對禨祥.對於迷信.在所排斥.董子迷信的話就很多.書中有求雨止雨之事.孟子主性善.荀子主性惡.董子調和兩家主張.兼含善惡.公孫弘治公羊春秋.董子亦治公羊春秋.而弘不逮仲舒遠甚.董子學說.具見於春秋繁露.全書分三部.一部分解釋春秋的微言大義.應用到社會上去.一部分調和孟荀的性說.主張成善抑惡.一部分承陰陽家的餘緒.有天人合一的學說.

二.司馬遷.他是一個史家.同時又是一個儒家.史記這部著作.初非毫無意義.司馬遷在報任安書中自述懷抱說.『亦欲以究天地之際.通古今之變.成一家之言.』這是何等的偉大.同時在自序中又說.『自周公卒五百歲而有孔子.孔子卒後至於今五百歲.有能紹明世.正易傳.繼春秋.本詩書禮樂之際.意在斯乎.意在斯乎.小子何敢讓焉.』這簡直以繼承孔子自命了.史記這部書.全部目錄.許多地方很有深意.在史部中極有價值.其編

襲論斷關於儒家道術的地方很多。

三。揚雄。他是一個完全模仿不能創作的大文學家。仿離騷作解嘲。仿上林作長楊。仿易作太玄。仿論語作法言。不過是一個專會模仿的人。在學術界沒有多大價值。但是以時代論。他亦有他的地位。當西漢末年魯派經生。專講章句訓詁。解「粵若稽古帝堯」幾個字。長到十餘萬言。瑣碎得討厭。同時齊派末流。專講五行生尅。亦荒誕得不近情理。揚雄能離開經生習氣。不講訓詁五行。直追周易論語。雖然所說的話。大致不過爾爾。犯不着費力研究。但是別開生面。往新路徑上走。這又是他過人的地方。

四。桓譚。他是一個很有新思想的學者。曾作一部新論。可惜喪失了。現存的不過一小部分。看不出全部學說的眞相。我們所知道的。就是他很受揚雄的影響。儒家自董仲舒以後。帶哲學的氣味很濃。桓譚生當東漢初年。自然免不了時下風氣。新論存留十停祇有一二。講養生無益及形神分合問題。上承西漢時淮南子的遺緒。下開魏晉間何晏王弼的先聲。

五。張衡。他是一個科學家。對於自然界有很精密的觀察。曾造地震計。造得很靈巧。在天文學上發明頗多。他又是一個大文學家。很佩服揚雄的爲人。現在所存的作品。有兩京賦思玄賦等。前者純爲文藝性質。後者可以發表思想。揚雄的功勞。在開拓。桓譚的功勞。在繼續。桓張二人。爲漢學魏學的樞紐。

六。王充。他是一個批評哲學家。不用主觀的見解。純採客觀的判斷。關於積極方面。沒有什麼主張。而對過去及當時各種學派。下至風俗習慣。無不加以批評。他是儒家。對儒家不好的批評亦很多。雖然所批評的問題或太瑣碎。但往往很中肯。掃盪齊派末流的荒誕思想。在儒家算是一種清涼劑。當時儒家或者尋章摘句。或者滑稽亂俗。他老實不客氣的攻擊他們的短處。可以說是東漢儒家最重要的一個人。

漢代儒學除經生外。最重要的有此六家。卽董仲舒司馬遷揚雄桓譚張衡王充。其餘劉向劉歆仲長統王符徐幹等。或者關係較小。或者缺乏特異的主張。所以我們不及一一細述了。

漢以後是魏晉。魏晉之間。儒家發生一種很大的變動。這個時候。在學術方面。漢儒的整理事業。太細密。太呆板。起了硬化作用。在社會方面。經過戰國大亂以後。有長時間的太平——戰國如像三峽。漢代好比大湖——安定久了。自然腐敗。一方面儒家的呆板工作。有點令人討厭。一方面社會既然紊亂。思想亦因而複雜。所以魏晉之間。學術界急轉直下。另換一個新方面。

這個時候。道家極爲發達。士大夫競尙淸談。研究儒學的人。亦以道家眼光。看儒家書籍。擺脫從前章句訓詁的習慣。從新另下解釋。這種新解釋。雖然根據道家。但亦非完全不是儒家。儒家自身本來有類似道家的話。兩漢時代。未能發揮。到了魏晉。因爲發生變動。才把從前的話。另外估定一翻。最主要的經學家。有下列幾位。

一王弼。他是一個青年著作家。曾注周易及老子。兩部俱傳於世。學者成就之早。中外古今。恐怕沒有趕得上他的。他死的時候。不過二十四歲。能夠有這樣大的成績。眞不可及。我們可以說中國文字不消滅。一天王弼的名字保存一天。今十三經注疏所用周易。卽魏王弼晉韓康伯二人所注。易本卜筮之書。末流入於讖緯。王弼乘其敝而攻之。遂能排擊漢儒。自標新學。像王弼的解釋。是否周易本意。我們不得而知。但不失爲獨創的哲理。在學術史上。有相當的地位。

二何晏。他同王弼一樣。也是一個引道入儒的哲學家。曾注論語。在當時很通行。後來朱注出現。何注漸衰。然在經學界．仍有很大的權威．何晏以前的論語注．盡皆散失．惟何注獨受尊崇．其思想支配到程朱一派．朱雖亦注論語．但不出何晏範圍．王何二人都是對漢儒起革命．所作論文極多．可惜皆不傳了．何著聖人無喜怒哀樂論．王著駁論．全篇今失．祇剩百餘字．見全上古三代秦漢三國六朝文．有許多問題．古人所不講的．喜怒哀樂也就是其中之一．魏晉間人很喜歡提出這類問題．

三鍾會．他是一個軍事家．同時又是一個學者．曾作四本論．講才性的關係．持論極爲精覈．原文喪失．世說新語文學篇說『鍾會撰四本論始畢．甚欲使嵇公一見．置懷中．既定．畏其難．懷不敢出．於戶外遙擲．便回急走．』注『魏志曰．會論才性同異．傳於世．四本者．言才性同．才性異．才性合．才性離也．尚書傅嘏論同．中書令李豐論異．侍郎鍾會論合．屯騎校尉王廣論離．文多不載．』在當時很流行的．可惜我們看不見了．此類問題．孟子荀卿以後．久未提及．他們才作翻案．四家各執一說．在學術界上很有光彩．自王何起．直至南朝的宋齊梁陳．都承繼這種學風．喜歡研究才性形神一類的問題．

四嵇康阮籍．他們同王弼何晏一樣．都是講虛無．喜淸談．至其著作．見於漢魏六朝百三家集的很不少．嵇康好老莊之學．研究養性服食一類的事情．嘗著養生論．聲無哀樂論．以道家的話．調和儒家．阮籍詩作得很多．從詩裏面．可以看出他的見解的一部分．散文有達莊論．闡明無爲之貴．嵇阮同當時的山濤向秀劉伶阮咸王戎．號稱竹林七賢．都是調和儒老．蔑棄禮法一流的人物．彼此互相標榜．衍爲一時風氣．

五陶淵明．他是一個大詩人．思想極其恬靜．人格極其高尙．同時他又是一個儒家．崇法孔子的話很多．他的論文有歸去來辭．桃花源記等．可以看出他厭惡當時的汚濁社會．游心於世外的理想生活．他的詩很多．做得都很好。關於討論哲學問題的有形神問答詩。可見其個人思想所在。又可以見社會風尙所在。

六潘尼顧榮他們二人。是宋學很遠的源泉。潘尼作安身論。根據老子的哲理。大講無欲。並以無欲解釋儒家經典。顧榮作太極論。亦根據道家哲理。大講陰陽消長。並以太極解釋宇宙萬有。後來周濂溪一派。即從潘顧二人而出。無極太極之辯。亦成爲宋代一大問題。可見得宋學淵源之遠了。

魏晉儒學。最主要的大致有此八家。即王弼何晏鍾會阮籍嵇康陶淵明潘尼顧榮。此外如葛洪的神仙論。鮑敬言的無君說。紀瞻的太極說。亦皆各有各的見解。蔚爲魏晉哲學的大觀。現在因爲時間的關係。祗得從略。

大概說起來。魏晉南北朝學風。都以老易並舉。或以黃老並舉。將儒道兩家混合爲一。所以魏晉學者。在在帶點調和色彩。而道家哲理。成爲儒家哲理的一部分。同時自東漢末葉以來。佛教已漸輸入。三國因爲書少。未能全盛。東晉則大發達。梁武帝時。勢力尤鉅。一般學者。往往認儒佛爲同源。不加排斥。如沈約作均聖論。即謂孔佛一樣。孫綽作喻道篇。謂『周孔卽佛。佛卽周孔』。張融作門論。周顒作難張長史門論。都主張三教一致。顧歡作夷夏論。亦稱道佛二教。同體異用。當時大部分儒者。不以老莊釋儒。卽以佛教釋儒。三教同源。成爲一時的通論了。

對於這種三教調和論。作有力反抗的。據我們所知。有兩個人。一個是裴頠。東晉時人。作崇有論。反對虛無主義。王衍他們極力攻詰他。但是沒有把他攻倒。一定是范縝。梁武帝時人。作神滅論。反對明鬼主義。梁武帝敕曹思文等六十三人攻詰他。亦沒有把他攻倒。像這種有無的爭辯。神滅神不滅的爭辯。在六朝學術界。很有光彩。與前幾年科學與玄學之戰差不多。我們看王衍梁武帝雖然反駁。然不壓迫言論自由。這種態度。是很對的。又看裴頠范縝在淸談玄妙的六朝。居然敢作這種反時代的主張。亦可謂豪傑之士了。

南北朝的儒家對於經學，亦很重視，而南北色彩不同，南朝另闢門徑，王弼何晏這派，很有勢力，北朝則仍受漢儒家法，馬融鄭康成這派，很有勢力，北史儒林傳總論裏面有這兩句話『南學簡潔，得其精華，北學深蕪，窮其枝葉』這個話雖然偏袒南學，然可見南北學風，迥不相同了。

南朝的學風，專從幾部經中求其哲理，對於漢儒家法，極端反對，如南史儒林傳所稱何承天周弘正雷次宗劉瓛沈麟士明田賓皇侃虞喜周撫伏曼容一流，十分之九，皆信仰老莊，或崇拜佛法，南史常用『緇素並聽，若干人』等字，可見得每次講演，和尚道士前往聽講的很多，所以南朝經學家，大多數以道佛的哲理解釋儒家的學說。

北朝的學風，帶點保守性，專從名物訓詁上着手，一依馬鄭以來舊法，如北史儒林傳所稱盧玄刁冲劉蘭張吾貴李同軌徐遵明熊安生劉焯劉炫一流，大體皆墨守漢儒家法，釋經極其謹嚴，後來唐代陸德明作經典釋文，孔穎達作五經正義，賈公彥作周禮儀禮疏，以及徐彥的春秋公羊傳疏，楊士勛春秋穀梁傳疏，皆有底本，出自本人者極少，徐遵明熊安生劉焯他們的底本，由孔穎達賈公彥等整理一番，成為現在的十三經注疏。

總之南朝富流動性，受佛道的影響，北朝富保守性，守漢儒的支配，這是南北學派的大概情形，惟北朝末年，稍起變動，徐遵明為北朝第一學者，後人注疏，多本其說，他最初從許多人為師，皆不以為然，有人告訴他說這樣下去，絕對不會成功，後來他才改換方針，專以本心為師，上承孟子，下開象山，北朝前期雖極保守，到了末年，徐遵明以後，已經有很大的變遷了。

隋朝統一天下，南北混同，車馬往還，絡繹不絕，因政治上交通上的統一，全部文化，亦帶調和色彩，即文藝美術，亦在在有調和之傾向.最足以代表時代學風的有兩個人.一個是顏之推.一個是王通.

一顏之推.他是南方人.後來遷往北方.受南方的影響不小.受北方的影響亦很大.他作顏氏家訓.對於北方嚴正的章句訓詁.非常注意.對於北方保守的風俗習慣.亦很贊成.他的歸心篇.主張內外一體.儒佛一體.是想把兩教調和起來的.

二王通.他是北方人.亦受南方的影響.這個人事事模倣.很像揚雄一樣.生平以孔子自命.曾作禮論二十五篇.樂論二十篇.續書百五十篇.詩三百六十篇.元經五十篇.贊易七十篇.謂爲王氏六經.後來門弟子尊稱他叫文中子.他的著作.有人說是博洽.有人說是荒唐.現在暫且擱下不講.但他不同徐劉一派.專做名物訓詁的工夫.而能另闢谿徑.直接孔子.這是他獨到的地方.他對於佛教一點不排斥.並且主張調和.亦持儒佛一體的論調.隋代儒家.不論南北.都主調和儒佛.即如徐遵明劉焯諸大經師.對佛教不大理會.要是理會.必定站在調和的地位.顏之推王通.就是很好的代表.自兩漢至六朝.儒學變遷.其大概情形如此.

唐朝一代頭等人物.都站在佛教及文學方面.純粹講儒家哲學的人.不過是二三等脚色.專就儒學而論.唐代最無光彩.初唐時有名經師.如陸德明.孔穎達.賈公彥等.仍遵漢學家法.十三經注疏中重要之疏.皆爲所作.在經學界很有名.但是實際上都不能算是他們作的.不過根據前人成績.加以整理而已.唐人所講各經正義及義疏.大半采自熊安生心.劉炫.劉焯等著作.這一派北朝學者.對於各經的疏.考據得很有成績.唐人把牠聚集起來.加以整理.不能說是獨創.其中稍值得注意的.就是因政治的南北統一.而學術上(經學)的南北混合亦隨而成立.北派所宗之馬融鄭玄賈逵服虔.與南派所宗之王弼王肅杜預.從前取對立的形勢.至此便趨到

調和的形勢.

中唐以後.所謂經學家.如啖助趙匡一流.尙能開點新局面.對於漢魏六朝以來.那種煩碎支離的解經方法.認爲不滿.要脫去陳舊束縛.專憑自己聰明.另求新意.韓愈送盧仝的詩說道『春秋三傳束高閣.獨抱遺經究終始』這兩句話.很可以代表當時的一般精神.

他們雖有另求新意的傾向.可惜沒有把門路創出來.不如近人硏究經學.這樣的切實精密.清朝像王念孫.是很革命的.在小學上文法上.另外找根據.近人如王國維.亦是很革命的.在鍾鼎上.龜甲上.另外找根據.這種精神.很合科學.啖助趙匡等.沒有好的工具.但憑主觀見解.意思不合.隨意刪改.這樣方法.容易武斷.在經學上佔不到很高的位置.

漢人解經.注重訓詁名物.宋人解經.專講義理.這兩派學風.截然不同.啖趙等在中間.正好作一樞紐.一方面把從前那種沿襲的解經方法.推翻了去.一方面把後來那種獨斷的解經方法.開發出來.啖趙等.傳授上與宋人無大關係.但見解上很有關係.承先啓後.他們的功勞.亦自不可埋沒啊.

唐代頭等人才.都站在佛教方面.佛教在唐代.亦起很大的變遷.其變遷直接間接影響於儒學者不少.所以我們欲明白儒學嬗蛻的來歷.不能不把當時的佛教.略加說明.佛教的發達.在南朝從東晉末年.到梁武帝時代.在北朝.從苻秦姚秦.到魏齊.都占思想界極重要地位.到隋及初唐.遂達全盛.前此的佛教.概自印度傳入.用印度方法.解釋佛經.很忠實.很細密.這是他們的長處.但是逐字逐句的疏釋.落了熊劉孔賈一派的窠臼.很拘牽.很繁瑣.這又是他們的短處.

唐以前。全為印度佛教。不失本來面目。唐中葉——約在武后時代。佛教起很大的變化。漸漸離開印度佛教。創立中國佛教。主要的有三派。慧能的禪宗是一派。六朝時已具端倪。至唐始盛。澄觀的華嚴宗是一派。華嚴大師並在唐代。智顗的天台宗是一派。自隋以來。業已大大發達。

一禪宗。 從前學佛。要誦經典。現在的大藏經。有七千卷。在唐時約六千卷。經典既浩繁。解釋又瑣碎。後來許多人厭惡讀經典。禪宗六祖慧能出。主張頓悟。不落言詮。很投合一般人的心理。據說慧能不識字。在五祖弘忍門下。充當打雜。五祖門下有許多弟子。天天講經守律。五祖沒有看重他們。獨於把他的衣鉢。傳給這個打雜的。到底慧能識字與否。此層尚屬問題。但是他主張擺脫一切語言文字。亦可成佛。這是禪宗的特色。自六朝隋唐以來。佛家經典。浩如煙海。本來難讀。慧能的『即心是佛』這種主張。算是一種大革命。從前學佛。守律讀經。毫無生氣。禪宗學佛。不必識字。乃至不必嚴守戒律。佛教的門庭。大大的打開了。不過眞的固然多。假的亦不少。從前還要讀書。還講說經。須得有眞學問。下苦功夫。現在不必讀。不必說。當頭棒喝。立地覺悟。自然可容假託的餘地。

因為佛教這樣。儒家亦受影響。儒佛之界。破了許多。在佛教方面。從事研究的人。不必讀經。不必守戒。所以佛教因為禪宗之起。勢力大增。在儒家方面。亦沾染禪宗氣息。治經方法。研究內容。完全改變。儒家在北朝時。專講註疏。中唐以後。要把春秋三傳束之高閣。這是方法的改變。儒家在北朝時。專講訓詁名物。中唐以後。主張明心見性。這是內容的改變。所謂去傳窮經。明心見性。與佛教禪宗。大致相同。

二華嚴宗。 華嚴這派。同禪宗那派。普通都說是自印度來。其實不對。禪宗絕對不出自印度。華嚴亦許來自于闡不是中國所創華嚴最主要的教義就是『事理無礙』這句話有三面『事理無礙事事無礙理理無礙』佛教講出世法離開這個社會另尋一種樂土華嚴講世法與出世法不相衝突現象界與眞如界一致華嚴要想緩和儒佛之爭儒家講世法過現實的生活佛教講出世求極樂的世界二種主張相反要想調和祇好講事理無礙了

這一派的創始者爲澄觀即淸涼國師其自著及釋佛俱引　家的話所謂儒佛融通後來宗密即圭峯就是承繼這派學說而融通儒佛的色彩更爲顯著宗密著原人論綜合古來論性諸家而自下心性本原的定義可以謂之宋學根本宋儒講心性皆由原人論及理事無礙觀推演出來

三天台宗　這一派在隋末智顗即智者大師初創時尙與儒家無大關係唐中葉以後這派的湛然即荊溪與華嚴宗的澄觀所持態度相同大抵以儒釋佛兩教才始溝通但是天台與華嚴又不一樣天台講修養身心的方法華嚴講世法與出世無礙一個偏於方法一個偏於理論這是不同的地方

中唐有一個梁肅他是唐代的大文學家沒有作和尙但實際上却是天台宗的健將數天台宗的人物當然離不了他可是他確未落髮表面是一個儒者骨子裏是一個佛徒湛然以儒釋佛梁肅以佛釋儒有唐一代這類人很多儒佛兩家天天接近其痕跡如此所以我們講儒家哲學不能不把佛教這三宗簡單的說一下

話說回頭再講儒家方面前所謂啖助趙匡一派算是經學家然唐代（除初唐外）純粹經學家實甚少以文學家帶點學者色彩這類人多最主要的有三位一個是韓愈一個是柳宗元一個是李翺

一韓愈　他是一個文學家同時又是一個儒家所著原道原性諸文都是佔在儒家方面攻擊佛教竟因諫迎

佛骨謫貶潮州但他是純文學家對於佛教知識固然很少對於儒家道術造詣亦不甚深漢魏六朝的註解工夫宋以後的修養工夫他都沒有做多少所以對於儒家在建設方面說不上什麼貢獻但是他離開舊時的訓詁方法想於諸經之中另得義理所謂獨抱遺經究終始這是他見解高超處

二柳宗元　他亦是一個文學家但是他在學問方面的地位比韓愈高除研究儒家道術以外對於周秦諸子（自漢以後無人注意）都看都讀有批評有鑑別力他所著關於討論諸子的文章篇篇都有價值他對於傳統的舊觀念很能努力破除譬如封建制度儒家向極推崇他作封建論斥以為非先王之意

韓柳二人對於宋學都有很大的影響韓愈主張因文見道要把先王的法言法行放在文字裏面後來宋朝的歐陽修王安石蘇東坡一派都從韓愈出同往一條路上走柳宗元的直接影響不大但是有膽有識對於以前的傳統觀念求解放治經方法求解放韓是一個反對佛教論者柳是一個調和儒佛教論者子厚於佛教較有心得不特不毀且極推崇頗主張三教同源直到現在這類文字還很多

三李翺　唐末有一個很重要的人為宋學開山祖師就是李翺字習之他在文章方面是韓愈的門生在學問方面確比韓愈高明多了他的言論很徹底很少模糊籠統的話他於佛教很有心得引用佛教思想創設自己哲學這種事業至宋代才成功但是最初發動往創作的路子上走還是靠他他最主要的文章是復性書分上中下三篇很有許多獨到的見解

欲知宋學淵源可以看這兩篇文章一篇是原人論佛徒宗密所作一篇是復性書儒家李翺所作前者有單行本金陵刻經處可買後者很普通見於唐文粹及其他唐人文鈔在唐時為宋學之先驅者這兩篇最重要宋學

思想大半由此出這兩篇的思想相同之處頗多最主要的爲性二元論性善性惡歷來討論很盛至宋朱熹調和孟荀學說分爲理氣二元但是這種思想原人論及復性書早已有之於後來影響極大

自唐末起歷宋金元明在全國思想界最佔勢力爲這一派調和儒佛論佛教方面的澄觀諶然莫不皆然而宗密最得菁萃儒家方面的梁肅柳宗元莫不皆然而李翱最集大成誠然以宋代學術同他們比較覺得幼稺膚淺但是宋學根源完全在此不懂他們的論調就不知宋學的來原

五代自梁太祖開平元年至周世宗顯德六年不過五十二年的時間天下大亂文化銷沉無甚可述我們可以不講以下講宋代儒家道術很有光彩可謂之三教融通時代亦可謂儒學成熟時代我們可以另作一章來討論

第五章　二千五百年儒學變遷概略(下)

晚唐及五代經過長時間的內亂軍閥專橫人民不得休息宋初承這種喪亂凋弊之後極力設法補救右文輕武引用賢才所以各種學術均極發達儒家道術尤能獨放異彩後世言學問者總以漢學宋學並稱不入於彼則入於此可以見得宋學的發達及其重要了

宋元學案把孫復及胡瑗作爲宋學祖師其實他們二人在宋朝初葉不過開始講學與宋代學風相去甚遠眞正與宋學有密切關係的人乃是幾個道士或文人如陳摶种放穆修李之才劉牧等後來的儒家都受他們的影響孫胡二人比較平正通達提倡躬行實踐私人講學之風自他們以後而大盛陳种等純以道教黃庭經及

練氣鍊丹之說。附會易經。太極圖說即由他們而出。但是陳种與王何不同。王弼何晏以先秦的道家哲學。附會儒家。陳搏种放。以晚出的道教修鍊法。附會儒家。

由此看來宋初思想界可以說有兩條路。孫復胡瑗是一派。陳搏种放又是一派。北宋五子。周濂溪邵康節張橫渠程明道程伊川就是混合這兩派的主張。另創一種新說。宋人所謂儒學正宗。專指五子一派。宋人喜歡爭正統。最是討厭。政治上有正統偏安的爭執。學問上有正統與異端的爭執。儒學如此。佛教亦然。天台宗分為山內山外兩派。互爭正統。禪宗分為臨濟雲門曹洞溈仰法眼五宗。互爭正統。

這種正統的爭執。是宋人一種習氣。暫且擱下不講。單講所謂五子。自濂溪到二程。傳到後來。為南宋朱學一派。濂溪為二程的先輩。朱派謂二程出於濂溪。橫渠為二程表叔。年齡相若。互相師友。朱派謂橫渠為二程弟子。平心而論。五家獨立。各各不同。泛泛的指為一派。替他們造出個道統來。其實不對。

「五子」這個名詞。不過程朱派所標榜而已。（後來亦除出邵子。加上朱子。謂之五子。）北宋學術。不能以五子盡之。當時為學問復興時代。儒佛融通以後。社會思想起很大的變遷。有新創作的要求。各自努力。不謀而合。遂發生周邵張程這些派別。此外歐陽修王安石司馬光蘇軾那般人。雖然是政治文章之士。但是他們都在儒學思想界占有相當位置。不可忽視。

一。歐陽修　他是宋代文學的開創者。詩文皆開一代風氣。但他在思想界有很大的貢獻。在勇於疑古。他不信繫辭。對於詩書及其他諸經。亦多所疑難。所疑難對不對。另一問題。但這種讀經法。確能給後學以一種解放。他著有本論一篇。繼承韓愈原道那一派闢佛論調。亦宋儒學術淵源所自。

二、王安石。　他是一個大政治家。同時又是一個大學者。所著各經新義。頗能破除從前漢唐人的講經方法。自出心裁。他的文章精神酣暢。元氣蓬勃。文集中關於心性的文章很多。其見地直影響到二程。（例如『不偏之謂中。不易之謂庸』朱子引作程子說。其實此二語出於荆公）

三、司馬光。　溫公全部精力。都用在史學方面。所著資治通鑑。貫串諸史。為編年體中一大創作。文集中關於討論哲學問題的文章很多。可見得他在儒學方面。亦是異常的努力。他著有疑孟一書。對孟子學說頗多不滿。這也難怪。其實溫公學術。有點近於荀子。

四、蘇軾　蘇氏父子。都是大文學家。有戰國策縱橫馳騁之風。在學問上。亦能創立門戶。後來蜀學與洛學。立於對抗的地位。東坡對於佛教。不客氣的承認。禪宗尤其接近。所作詩文。往往有禪宗思想。他對於道教。亦不排斥。晚年生活。完全變為道家的氣味。

大抵這四家。歐陽最活潑。王最深刻。蘇最博雜。司馬最切實。南宋浙東一派。即由司馬而出。對於哲理講者不多。門下生徒。注重躬行實踐。所受他方影響。尚不算深。程朱以外的學派。其約略情形如此。

再回頭說到北宋五子。

一、周濂溪。　周子通書。與程朱一派有相當的關係。但極簡單。可以有種種解釋。太極圖說。與程朱關係很深。在南宋時。曾因此起激烈的辯論。朱子贊成太極圖說。且認為濂溪所作。陸子反對太極圖說。且認為非濂溪所作。依我看來。許是周子所作。但是對於內容。我持反對論調。與象山同。象山以為太極圖說無什道理。定非周子所作。想把這篇劃開。周仍不失其為偉大。晦翁以為太極圖說。極其精微。周之所以令人崇拜。完全在此。

然則太極圖說是怎樣一個來歷呢向來研究宋學的人不知所本以爲周子所獨創淸初學者才完全考訂牠由陳搏种放而出這原是道教的主張周子從道教學太極圖說究竟對不對那另是一個問題但是牠的影響很大爲構成宋學的主要成分要是周子除了太極圖說專講通書倒看不出在學術史上有多大關係了朱派以爲二程出於濂溪其實不然二程但稱周子不稱先生先後同時差十餘歲關係異常淺薄

二邵康節　康節從道教的李之才得圖書先天象數之學探賾索隱妙悟神契環堵蕭然不改其樂其治學直欲上追漢的五行戰國的陰陽家騶衍一派但他所講陰陽五行又與漢人不同專憑空想構造一種獨創的宇宙觀他以爲宇宙萬有皆生於心所以說『先天之學心也後天之學迹也出入有無死生者道也』又說『先天學心法也圖皆從中起萬化萬事生於心』我們看邵子這種主張實際上不是儒家亦不是道家自成一派邵子言性亦主性善以爲仁義禮智性中固有所以說『性者道之形體也道妙而無形性則仁義禮智具而體著矣』但是他的主張又與孟子不同凡孔孟所講治學方法他都沒有遵行他不是和尚亦不是道士事事憑空創作後來的人沒有他聰明的抄襲他的語言不能傳他的學問所以影響不大邵子在學術界是一個彗星雖沒有頂大的價值但不失爲豪傑之士而已

三張橫渠　橫渠爲宋代大師在學術界開闢力極强大哲學方面他與二程同時互相師友互相發明不能說誰出於誰朱派把他認爲二程門下是不對的橫渠不靠二程二程不靠橫渠關洛各自發達可以算得一時豪傑之士他對於自然界用力觀察想從此等處建設他的哲學的基礎但立論比二程高二程爲主觀的冥想很帶玄學色彩他是客觀的觀察很富於科學精神他主張氣一元論由虛空卽氣的作用解釋宇宙的本體及現

象與周子的太極圖說邵子的先天論皆不相同。

修養方面他直追荀卿專講禮並以禮爲修養身心的惟一工具理窟氣質篇說『居仁由義自然心和而體正。更要約時但拂去舊日所爲使動作皆中禮則氣質自然全好』宋代學者於開發後來學派最有力的人當推橫渠及二程其重要約略相等橫渠死得早門弟子不多流傳未廣南宋的朱子受其影響極大朱自命繼承二程其實兼承橫渠朱子的居敬格物皆從橫渠的方法模倣得來。

四二程子　向來的人都把二程混作一塊說其實兩人學風全不一樣明道是高明的人秉賦純美不用苦工。所得甚深伊川是沉潛的人困知勉行死用苦工所得亦深以古代的人比之大程近孟小程近荀所走的路完全不同大程可以解釋孟子小程可以解釋荀子明道的學問每以綜合爲體伊川的學問每以分析立說伊川的宇宙觀是理氣二元論明道的宇宙觀是氣一元論這是他們弟兄不同的地方

程朱自來認爲一派其實朱子學說得之小程者深得之大程者淺明道言仁嘗說『學者須先識仁仁者渾然與物同體』言致良知又說『良知良能皆無所由乃出於天不繫於人』開後來象山一派伊川言涵養須用敬嘗說『入敬之道始於威儀而進於主一』言進學在致知又說『窮理卽是格物格物卽是致知』開後來晦翁一派其詳情下面另有專章再講此處可以不說。

大概北宋學派可以分此九家純粹的「苦學派」有五家卽周濂溪邵康節張橫渠程明道程伊川此外尙有四家卽歐陽修王安石司馬光蘇軾最重要的爲橫渠及二程橫渠不壽弟子無多所以關係不大二程一派由謝上蔡楊龜山游廌山呂藍田程門四先生傳演下來成爲朱子一派朱子學問出於李延平李延平學於羅豫

章．羅豫章出於楊龜山．陸子學問．雖非直接出於明道．然其蹊徑．很像上蔡．上蔡又是明道的得意門生．我們可以說大程傳謝．謝傳陸．小程傳楊．楊傳朱．北宋學派及其傳授．大概情形．約略如此．

上面說北宋最著名的學者有五家．號稱北宋「五子．」南宋最著名的學者亦有四家．號稱南宋「四子．」

一．朱熹字晦翁．
二．張栻字南軒．
三．陸九淵字象山．
四．呂祖謙字東萊．

這四家中．朱陸最關重要．宋代的新的儒家哲學．他們二人集其大成．張呂皆非高壽．五十歲前後死．所以他們的門生弟子．不如朱陸之盛．南軒的學風．同朱子最相近．沒有多大出入．東萊的學風．想要調和各家的異同．最有名的鵝湖之會．即由東萊發起．約好朱陸同旁的幾家．在鵝湖開講學大會．前後七天．這件事．在中國學術史上極有光彩．極有意義．呂是主人．朱陸是客．原想彼此交換意見．化異求同．後來朱陸互駁．不肯相讓．所以毫無結果．雖說沒有調和成功．但兩家經此一度的切磋．彼此學風．都有一點改變．這次會總算不白開了．由鵝湖之會．可以看出朱陸兩家根本反對之點．更可以看出東萊的態度及地位如何．

至於朱陸學說的詳細情形．留到本論再講．此刻不過提出兩家要點．稍爲解釋幾句．朱子學派．祖述程子——二程子中之小程．卽伊川．伊川有兩句很要緊的話．『涵養須用敬．進學在致知．』他教人做學問的方法如此．用敬．關於人格方面．下功夫．收攝精神．收攝身體．一切言語動作．都持謹嚴態度．堅苦卓絕．可以把德性涵養起來，什麼叫用敬，就是主一無適之謂，以今語釋之，卽精神集中，凡作一件事，專心致志，沒有作完時，不往旁的想，致知，關於知識方面，不單要人格健全，還要知識豐富，什麼叫致知，朱子釋爲窮理，補大學格致傳說『所謂致知在格物者，言欲致吾之知，在卽物而窮其理也，蓋人心之靈，莫不有知，而天下之物，莫不有理，惟於理有未窮，故其知有不盡也，是以大學始敎，必使學者卽凡天下之物，莫不因其已知之理而益窮之，以求致乎其極，』朱子學問，具見於文集語錄及性理大全，不過簡單的說，可以把上面這兩句話概括之，

陸子學派，有點像大程，卽明道，最主要的就是立大，義利之辯和發明本心，孟子說『先立乎其大者，則其小者不能奪也，』陸子將此二語極力發揮，何謂立大，就是眼光大的人，把小事看不起，譬如兩個小孩爭奪半邊蘋果，大打一架，大哭一場，在我們絕對不會如此，因爲我們至少還看見比蘋果大的東西，就不爲小物而爭奪了，明人嘗說『堯舜事業，不過空中半點浮雲，』就是因爲他能立大，所以漢高祖唐太宗的事業，從孔子釋迦基督看來，亦不過半邊蘋果而已，立大是陸學根本，至於他用功的方法，第一是義利之辯，何謂義利之辯，就是董仲舒所謂『正其誼不謀其利，明其道不計其功，』這個話從前人目爲迂闊，其實不然，做學問就是爲學問，爲自己人格的擴大崇高，不是爲稿費，不是爲名譽，更不爲旁人的恭維，譬如說捐軀愛國，要是爲高爵爲厚祿爲名譽，那全不對，一定要專爲國家，才行，朱子知南康軍事時，修復白鹿書院，請陸子講演，陸子爲講『君子喩於義，小人喩於利，』一章，那天天氣微暖，聽衆異常感動，遂不覺汗流浹背，於此可見陸學的門徑了，第二是發明本心，何謂發明本心，就是孟子所說『不失其赤子之心，』陸子亦相信人性皆善，祇要恢復本心，自然是義，不是利，自然能夠立大，做學問的方法無他『求其放心而已，』本心放失，精神便衰頹，本心提起，志氣立刻振作，

好像一座大火爐。縱然飛下幾塊雪片。絕不能滅其熱烈。陸子這個話。從大程子出。大程子的識得仁體。就是陸子的發明本心。以現在的話來說。又叫着認識自我。人的本心。極其純潔。祇要認識他。恢復他。一切零碎壞事。俱不能搖動。人看事理不明。因本心爲利害所蒙蔽了。

知識方面。朱子以爲『天下之物。莫不有理。』而其精蘊。則已具於聖賢之書。故必由是以求之。陸子以爲學問在書本上找。沒有多大用處。如果神氣清明。觀察外界事物。自然能够清楚。修養方面。朱子敎人用敬。謹嚴拘束。隨時隨事檢點。陸子敎人立大。不須仔細考察。只要人格提高。事物卽難搖動。所以朱謂陸爲空疏。陸謂朱爲支離。二家異同。其要點如此。陸不重書本。本身學問雖博。而門弟子多束書不觀。袖手清談。空疏之弊。在所難免。朱子重書本。並且要『卽凡天下之物。莫不因其已知之理而益窮之。以求至乎其極。』但天下事物如此之多。幾十年精力。一件都不能窮。又安能卽凡物而窮之呢。

兩家主張不同。彼此辯論。互不相服。後來有許多人專講調和。或引朱入陸。或引陸入朱。而兩家門下。則彼此對抗。引陸入朱的人。以爲自經鵝湖之會以後。象山領悟朱子。子壽尤爲敬服。引朱入陸的人。如王陽明作朱子晚年定論。李穆堂又作朱子晚年全論。證明朱子晚年。與陸子同走一條路。然站在朱子方面的人。則目王李爲荒唐。平心而論。兩派各走各路。各有好處。都不失爲治學的一種好方法。互相攻擊。異常的無聊。最好各隨性之所近。擇一條路走去。不必合而爲一。更不必援引那個。依附這個。

南宋學派。主要的是朱陸兩家。歷元明清三代。兩派互爲消長。直至現在。仍然分立。兩派之外。還有兩個人。應當注意。一個是張南軒。可以說他是朱學的附庸。死得很早。沒有多大成就。與朱子併爲一派。無妨。南軒生在湖南。

湖湘學派。與朱子學派。實在沒有什麼區別。

一個是呂東萊呂家世代都是有學問的人所以呂家所傳中原文獻之學一面講身心修養一面講經世致用。就是我們前次所說內聖外王的學問朱陸偏於內聖東萊偏於外王東萊自己家學淵源很好很有名雖然早死而門弟子甚多後來變爲永嘉學派永嘉學派最主要的有這幾個一薛季宣號艮齋二陳傅良號止齋三陳亮號同甫四葉適號水心他們都是溫州一帶的人艮齋止齋專講學以致用對於北宋周程一派很多不滿的批評以爲祗是內心修養拘謹呆板變爲迂腐應當極力提倡學以致用才不會偏同甫氣魄更大頗有遊俠之風。他的旗號是『王霸雜用義利雙行』對於朱子的窮理格物固然反對對於陸子的利義之辯亦很反對論年代薛稍早與朱陸差不多二陳稍晚論主張艮齋和止齋相同同甫走到極端東萊本來是浙人浙江學者大半屬東萊門下東萊死兄弟弟子姪門生全走一條路就是薛陳所走這條路以後成爲浙派

朱子自信甚堅對於旁的學派辯得很起勁朱子在學問上的兩大敵一派是金谿（卽象山）一派是永嘉（卽薛葉二陳）朱子很痛心本來東萊門下全都和他要好後來都跑到永嘉一派去了文集中與象山和止齋辯論的信很多語錄中批評陸派和永嘉的話亦很多朱陸在當時都很盛朱子門下最得意的是黃勉齋蔡元定沒有多大氣魄不能夠把他的學問開拓出來其後一變再變成爲考證之學朱子涵養用敬的工作以後沒有多大發展進學致知的工作開後來考證一派朱派最有光彩的是黃震（東發）王應麟（伯厚）二人黃的黃氏日抄王的困學紀聞爲朱派最有價值之書清代考證學者就走他們這一條路

象山門下氣象比朱派大朱子對於象山雖不滿而謂其門下光明俊偉爲自己門下所不及象山是江西人在

本地講學最久。但是幾個大弟子。都是浙東人。所謂甬上（寧波）四先生。即楊簡袁燮舒璘沈煥。得象山的正統。江浙二省。在學術上有密切關係。象山是江西人。其學不傳於江西。而傳於浙東。陽明是浙東人。其學不傳於浙東。而傳於江西。楊袁舒沈是浙東。呂薛陳葉亦是浙東。後來陸派同永嘉結合清代的黃梨洲萬季野邵念魯章實齋。他們就是兩派結合的表現。

南宋四子。實際上祇有三派。即朱派陸派及永嘉派。這三派在當時尚未合一。南宋末年。幾乎握手。可惜沒有成功。元明以後。朱學自爲一派。陸朱合爲一派。其勢力直籠照到現在。

南宋時代南方的情形如此。北方的情形又怎模樣呢。北方自金人入主後。中原殘破。衣冠之屬。相繼南遷。所以在宋金對峙時。南方的文化。比北方高。但金至世宗一朝——約與孝宗同時。四五十年間。太平安樂。極力模倣漢化。文運大昌。金方所流行者。爲三蘇一派。因爲模倣東坡父子的文章。連帶模倣他們的學術。所以那政治上宋金對峙。學術上洛蜀對峙。北方的人事事幼稚。文學不振。哲學更差。惟有一人應當注意。即李純甫號屏山。宋儒無論那一家。與佛都有因緣。但是表面排斥。宋儒道學。非純儒學。亦非純佛學。乃儒佛混合後另創的新學派。屏山是宋人。自然要帶點佛學氣味。不過他很爽快。所著的鳴道集。直接承認是由佛學出來。對洛派二程。異常反對。指爲陽儒陰佛。表裏不一。他所講的內容。好像李翺的復性書。發揮得更透徹明白。

朱子到晚年。一方面學派日昌。弟子遍於天下。一方面祇觸當道。頗干朝廷厲禁。其中如宋寧宗的宰相韓侂冑執政時。在朝的朱子。及在野的同黨。俱持反對態度。侂冑亦指朱子爲僞學。排斥不遺餘力。北宋的元祐黨人。南宋的慶元黨人。俱以正士爲朝廷所不容。朱子死後。弟子不敢會葬。可見當時朱學所受壓迫的程度了。又經幾十年。到理宗中葉。及度宗初葉。僞學之禁既開。而當時講學大師。朱陸兩家門下（陸派亦在僞學禁中。）俱在社會上很有聲譽。朝野兩方對宋學異常尊崇。其勢復振。不久宋室滅亡。蒙古代興。

元朝以外族入主中國文化不高。時間又短。在學術史上佔不了重要位置。內中祇有戲曲的文學差可撐持。天文數學亦放異彩。至於哲學方面則衰微已極。元朝學者惟許衡（魯齋）劉因（靜修）吳澄（草廬）三人。稍露頭角。這幾位在元朝爲大師。在全部學術史上。比前比後。俱算不了什麼。固然朱學在元朝很發達。但朱學在宋末已爲社會上所公認。元人不過保守權威。敷衍門面。無功可述。現在祇好略去不講。

明太祖初年。規模全屬草創。對於文化未能十分提倡。到永樂時。始漸注意。性理大全。即於是時修成。以五子（周程張朱）學術爲主。此書編得很壞。純屬官書。專供科舉取士之用。使學者考八股時。辨黑白而定一尊。除五子外。旁的俱所排斥。明人編修性理大全。用以取士。號尊宋學。尤其是程朱一派。實則把宋學精神。完全喪失。宋學注重修養。何嘗計及功名呢。

中間有幾個著名大師。爲明學啓蒙期的代表。如方孝孺（正學。）吳與弼（康齋。）薛瑄（敬軒。）曹端（月川。）胡居仁（敬齋）俱在科舉盛行時代。一心研究學問。不圖獵取功名。這種精神。極可佩服。而方孝孺風烈尤著。仗義不屈。爲成祖誅其十族。他們幾個人的學問。都出於程朱。薛胡諸人。比較平正通達。吳康齋的學問。由朱到陸。明代陸學之盛。自康齋起。

明代中葉。新學派起。氣象異常光大。有兩個大師。可以代表。一個是陳獻章（白沙）一個是王守仁（陽明。）陳白沙是廣東新會的學者。離吾家不過十餘里。他是吳康齋的弟子。他的學問。在宋代幾位大師中。有點像大程子，又有點像邵康節，那種蕭然自得的景象，與其謂之爲學者，毋寧謂之爲文學家，古代的陶淵明，與之類似，文章相仿彿，學問亦相仿彿，再遠一點，道家與之類似——老莊之道，非陳种之道，他的學風很像莊子，孔門弟子中曾點與之類似，『暮春者春服既成冠者五六人童子六七人浴乎沂風乎舞雩詠而歸』這種恬淡精神，兩人一樣。

白沙叫人用功的方法，就在『靜中養出端倪』一句話，端倪二字太玄妙，我們知道他的下手功夫在用靜就得了，白沙方法，與程朱不同，與象山亦不同，程朱努力收斂身心，象山努力發揚志氣，俱要努力，白沙心境與自然契合，一點不費勁，端倪二字，實在不易解，或者可以說是老莊的明自然，常常脫離塵俗，與大自然一致，其自處永遠是一種鳶飛魚躍光風霽月的景象，人格是高尚極了，感化力偉大極了，可惜不易效法，不易捉摸，所以一時雖很光明，後來終不如陽明學派的發達。

白沙在家時多，出外時少，總計生平，祇到過北京兩次，旁的地方，都未曾去，交遊總算簡單，他有一個弟子湛若水，號甘泉，亦是廣東人，與他齊名，當時稱陳湛之學，或稱湛王之學，甘泉做的官很大（禮部尚書）去的地方亦很多，所到之處，就修白沙書院，陳學的光大，算是靠他，甘泉比陽明稍長，甘泉三十餘歲，陽明二十餘歲，同在北京作小京官，一塊研究學問，陽明很受甘泉的影響，亦可以說很受白沙的影響。

王陽明，浙江餘姚人，他在近代學術界中，極其偉大，軍事上，政治上，亦有很大的勳業，以他的事功而論，若換給別個人，只這一點，已經可以在歷史占很重要地位了，陽明那麼大的事功，完全爲他的學術所掩，變成附屬品，其偉大可想而知，陽明的學問，得力於龍場一悟，劉瑾當國，陽明彈劾他，位卑言高，謫貶龍場驛丞，在驛三年，備受艱難困苦回想到從前所讀的書所做的事切實體驗一番於是恍然大悟這種悟法是否與禪宗參禪有點相類我們也不必强爲辯護但是他的方法確能應時代的需要其時性理大全一派變爲迂腐凋敝把人心弄得暮氣沉沉的大多數士大夫儘管讀宋代五子的著作然不過以爲獵取聲名利祿的工具其實心口是不一致的陽明起來大刀闊斧的矯正他們所以能起衰救敝風靡全國

陽明的主要學說即「致良知」與「知行合一」二事前者爲對於大學格物致知的問題朱子講格物致知『即凡天下之物莫不因其已知之理而益窮之以求至乎其極』這種辦法朱子認爲大學所謂「明明德」的張本從「大學之道」起至「未之有也」止是經以下是傳誠意正心修身齊家治國平天下都有傳惟有格物致知無傳文有顚倒斷節朱子替他補上其學說的要點即由此出陽明以爲讀古人書有些地方加添有些地方補正這種方法固有價値但是大學這篇絕對不應如此解釋所以他發表古本不從朱子改訂本主張格物致知即是誠意因爲原文說『欲誠其意者先致其知』下面又說『故君子必愼其獨也』愼獨即是致知致知的解釋不是客觀的知識乃孟子所謂『人之所不學而知者其良知也』的良知致的意思是擴充牠誠意功夫如此拿現在的話解釋就是服從良心的第一命令很有點像康德的學說事到臨頭良知自能判斷如像殺人頭一念叫你不要作又像職分上的犧牲頭一念叫你儘管作去這就是良知第二念第三念便又壞了或者打算作好事頭一念叫你作去第二念覺得辛苦第三念又怕危險於是歇手不作這種就是致良知沒有透徹爲人做學問入手第一關鍵在此

陽明既然主張致良知更不能不主張知行合一如惡惡臭如好好色見惡臭是知惡惡臭是行見好色是知好

好色是行。知行二個字原是一件東西。事到臨頭。良知自有主宰。善使知善惡使知惡。絲毫瞞他不得。世未有知而不行的知。而不行不是眞知。如小孩看見火伸手去摸。成人決不會摸。因爲成人知道燙人。小孩不知道燙人。又如棹上放好臭鴨蛋臭豆腐。不惡惡臭的人吃。惡惡臭的人就不吃。祇需你一知道。要吃或不吃。立刻可以決定。這便是知行合一。朱子以爲先要致知。然後實行。把做學問的功夫分成兩槪。陽明主張方說一個知已自有行在。方說一個行已自有知在。祇是一件。決不可分。陽明教人下手方法。與朱子教人下手方法不同。

陽明壽雖不長。但是一面作事。一面講學。雖當軍事倥傯。絃誦仍不絕聲。所以門生弟子遍於天下。明中葉後。全國學術界讓陽明一人支配了。王學的昌大可分兩處。一是浙江。是他生長的地方。一是江西。是他宦遊的地方。所以陽明門下可分爲浙江及江西兩派。前次講象山生在江西。而其學盛於浙江。陽明生在浙江。而其學卻盛於江西。贛浙文化有密切的關係。傳陽明的正統爲江西幾位大師。如鄒守益號東廓。羅洪先號念庵。歐陽德號南野。頗能代表江西王學。陽明死後。就是這幾個人最得陽明眞諦。但是王學的擴充光大。仍靠家鄉浙派幾位大師。有早年的。有晚年的。最初是徐愛號曰仁。錢德洪號緒山。他們二人得陽明正宗。徐早死。傳習錄有一部份是他作的。錢壽較長。其傳頗盛。稍後是王畿號龍谿。他是陽明的老門生。年壽最長。陽明的學派的光大自他起。陽明學派的變態亦自他起。當初陽明敎人有四句話。無善無惡心之體。有善有惡意之動。知善知惡是良知。爲善去惡是格物。錢緒山以爲這四句是陽明敎人定本。王龍谿以爲這四句是陽明敎人權法。歸根結底。性無善無惡。意無善無惡。知無善無惡。物無善無惡。陽明的話沒有多大玄學氣味。龍谿的話玄味很深。無下手處。所以王學末流。與禪宗末流混在一起。讀他們的書可以看出來。並不是陽明眞面目。

陽明學派。另有幾個重要人物。一個是羅汝芳號近谿。一個是王艮號心齋。都於王學有莫大的功勞。世或以王艮與王畿並稱二王。或以近谿與龍谿並稱二谿。心齋是一個倜儻不羈之士。本傳稱陽明作巡撫時。會徒講學。心齋那時三十八歲。跑去見他。分庭抗禮。辯難幾點鐘後。始大折服。執弟子禮。回去想想。似乎尙有不妥處。跑去收回門生帖子。彼此又辯。又折服了。才作陽明的門人。陽明說『吾曩擒宸濠。一無所動。乃爲斯人所動。是眞學聖人者。』心齋言動奇矯。時戴古冠。穿異服。傳達先生之道。陽明很罵他幾回。但是他始終不改。心齋才氣極高。門下尤多奇怪特出之士。何心隱就是一個。本姓梁。改姓何。以一個布衣。用種種的方法。把嚴嵩弄倒了。我們不能不佩服他有眞本事。陽明死後。最接近的是二王或二谿。但是他們所走的路。與陽明很不一樣。結果江西學派雖得正統。但是一傳再傳。漸漸衰微下去了。

最有力推行王學的。還是浙派（龍溪）和泰州派（心齋）。在晚明時候。有這樣幾個人。周汝登號海門。陶望齡號石簣。李贄號卓吾。周陶變爲禪宗。李更狂肆。他們主張的「酒色財氣。不礙菩提路。」陽明學派。愈變愈狂妄。到晚明時。本身起很大的變化。又可分爲二派。第一派參酌程朱學說。糾正末流的偏激。東林二大師顧憲成（涇陽）高攀龍（景逸）就是代表。他們覺得周李陶一派太放肆了。須以朱學補充之。他們的學問。仍從王出。帶點調和色彩。第二派根據王學的本身。恢復陽明的眞相。劉宗周（蕺山）就是代表。他排斥二王二谿甚力。專提愼獨。代替良知。以爲做愼獨的功夫。可以去不善而繼於至善。顧高以程朱修正王學。蕺山以王學本身恢復王學。主張雖有出入。都不失爲陽明的忠臣。

此外因王學末流的離奇。社會上起一種很大的反動。亦可分爲二派。第一派。以程朱攻擊陽明。與顧高等不同，陳建（淸瀾）就是代表，他著一部學蔀通辯，一味謾罵，甚覺無聊，自稱程朱，實於程朱沒有什麼硏究，有時揑造事實，攻擊人身，看去令人討厭，然在學術史上不能不講，因爲明目張膽，攻擊王學，總算他有魄力。清初假程朱一派，多言道學，隨聲附和，用陳建的口胳攻擊王學者頗多。第二派，主張讀書，帶點考證氣味，焦竑王世貞楊愼，就是代表，他們不惟攻擊王學，連宋學根本推翻，周程張朱，皆所反對，攻擊程朱的話，恐怕比陽明還多，幾個人學問都很淵博，惟楊升庵較不忠實，造假書造假話騙人，這一派因爲對於宋元明以來的道學下總攻擊，在晚明時雖看不出有多大力量，但有清初至乾隆中葉，極其盛行，舊學風的推翻，新學風的建設，都由他們導引出來。

清代學術，是宋元明以後一大轉關，性質和前幾代俱不相同，漢唐學者，偏於聲音訓詁的追求，馬鄭服杜陸孔賈以後，沒有多大發展的餘地，宋儒嫌他們太瑣碎了，另往新方面進行，宋明學者，偏於理氣心性的討論，程朱陸王以後，也沒有多大發展的餘地，清儒嫌他們太空虛了，另往新方面開拓，清代學者，承性理學爛熟的反動，以「漢學」相標榜，至乾嘉中葉，而漢學號稱全盛，清代學風，固然偏在考證，對於儒家哲學，亦有很大影響，可分建設及破壞兩面觀察，前者對於整理國故，用力最勤，與儒學祇有間接關係，後者對於推翻宋學，成效頗大，與儒學有直接關係。

甲　破壞方面。

先從破壞方面觀察，清代學者，對於宋元明以來，七百年間，所成就的學派，認爲已到過度成熟，發生流弊的時期，非用革命手段，摧陷廓清，不能有新的建設。這種破壞的工作，不自淸始，晚明已然，焦竑、王世貞、楊愼，都是反動派的健將。不過革命的氣焰，至淸代而極盛罷了。分開來講，又分兩種，一種是破壞王學，陽明這派時代最晚，發達最盛，有些人專門與他爲難；一種是破壞宋學，不單反對陽明，連周程張朱，一律在所排斥。這兩種中破壞的工作及程度，亦有種種的不同，大概可以舉出五派人作爲代表。

一、用程朱作後盾，破壞陸王。可以陸隴其（稼書）作爲代表。他同上次所講做學蔀通辯的陳建一樣的主張，認程朱爲正統，陸王爲異端，所以破壞王學，完全爲擁護朱學。這一派範圍最狹窄，理由最淺薄，然在社會上最有力量。不是因爲系統學者多，乃是倚仗八股文人多，拿朱註作考試的工具，自然擁護朱學。有學問的人，儘管瞧不起他們，但是一般流俗，非常羨慕他們，不知不覺的勢力便大起來了。

二、有一種博雜而無系統的學問，利用好奇心，打倒前人，獵取名譽。可以毛奇齡（西河）作爲代表。這派的話，尖酸刻薄，挑剔附會，舞文弄墨的地方很多。其所攻擊，不單是王學，乃在宋學全部（西河比較的倘擁護王學，但也不是王學眞相）。西河學問淵博，方面多，壽命長，後來許多人跟他學，在學術界很佔勢力，大致都帶一點輕薄口胳。學問博雜，頗爲後來考證學派闢出一種新路徑。考證家不直接出自西河，但是他們所受西河的影響很是不小。

上面兩種破壞法，都不算十分正當。前者範圍過於狹隘，門戶之見太重；後者手段不對，專門駡人，自己亦無所得。不過他們這兩派在社會上勢力確是不小，一般俗儒，隨聲附和，非常崇拜他們。

三、沒有成見，並不是以程朱作後盾，比較對於朱學稍爲接近，對於王學末流，加以攻擊。可以顧炎武（亭林）

朱之瑜（舜水）二人作爲代表朱舜水當明亡以後不願受滿清的轄治亡走日本在中國影響不大而在日本影響極大明治維新以前德川氏二百年眞以儒學致太平這完全受舜水之賜所以他在本國無地位而在全局中地位極高可與顧亭林並列顧氏爲清代學術的開創者其學問的大部分俱在建設方面下節再講至於破壞方面見地極其高明他不惟不滿意王學末流且不滿意陽明本身贊成陽明人格反對他的學風陸稼書一派所講朱學其實是「八股家言」算不得什麼學問顧朱不是墨守朱學另外自有心得比較起來對王破壞對朱敬禮不能說是以朱攻王然於破壞王學很有力量

四對於宋學全部不管程朱陸王根本認爲不對施行猛烈的總攻擊可以費密（燕峯）顏元（習齋）二人作代表這兩人在從前大家都不十分注意一向講清代學術的人都沒有提到他們顏氏近二三十年來漸漸復活費氏著作從前沒有刻出人不知道近幾年作品出版了解的人比較多了費燕峯四川人晚年僑寓揚州從前人祇知他會作詩池北偶談稱他極爲王漁洋所推服他的哲學思想具載他的遺著中新近才刻出來但是在建設方面沒有什麼貢獻顏習齋直隸楊村人以前沒有鐵路很少人知道這個地方他終身亦不同士大夫接觸過但是他比費燕峯強費氏幾個兒子雖亦能作詩活動力很小顏氏的門生李塨（剛主）活動力異常之大到處宣傳他老師的學說所以早幾十年復活了

費顏二人對於宋元明七百年來的學說根本上不承認下總攻擊斥爲與孔孟門庭不同攻擊之點有三頭一件是不贊成宋儒主靜他們以爲做學問要動主靜不是做學問的方法根本與儒家道術相反第二件不贊成宋儒以道統自居程朱本人還沒有說什麼他們的門下常說得不傳之學原道所謂堯傳舜舜傳禹禹傳湯湯

傳文武周公。文武周公傳孔子。孔子傳孟軻。軻之死。不得其傳。何以隔一千多年。傳到河南程夫子。這豈不是造謠。第三件偏於內聖。不講外王。把政治社會都拋棄了。程朱陽明雖非拋去外王不問。但是偏重內聖。一些末流愈走極端。知其一不知其二。頗足授人口實。這種話搔得着癢處。對於宋學末流。攻擊得很對。不過在社會上沒有多大勢力。遠人如前述三派的受人注意。直到近二三十年。才漸漸發揚光大起來。前三派。帶這一派。都在道術本身上着眼。或專破王學。或兼破宋明。辯爭之點。不離道術。可謂主流。爲造成破壞勢力的中堅。

五還有一派。不在道術本身下手。而在著作及解經方面挑剔。可以惠棟（定宇）作爲代表。惠氏年代較遲。而力量很大。他攻擊不到陸王。陸王對於各經都不會作註。他攻擊的主要對相。就是程朱。前回講朱學啓蒙時代專門做註疏的工夫。到全盛時代。所有各經都從新另註一回。他們註經的方法。與漢唐學者迥異。漢唐注重訓詁。他們注重義理。自南宋末年起。至明洪武的性理大全出版止。幾百年間解經俱以朱註爲主。漢唐註疏完全東之高閣了。惠棟一派出。朱註漸衰。而漢唐註疏復活。

清初學者。一面反對宋儒道術本身。一面反對宋儒解經方法。結果宋人的總不對。漢人的總對。愈古愈好。愈近愈不行。乾嘉的考證學。以這派爲先導。毛西河如此主張。陳啓源亦如此主張。但是認眞打旗號。擁戴漢學。推翻宋學。還是要算惠定宇。上面所述五種學派。聯合起來。努力破壞。所以清代學術。對於宋元明學術。起很大的變化。最近三百年。在學術史上。劃一新紀元。秦漢學術復興。宋明學術。幾乎全部銷沉下去了。

乙　建設方面。

次從建設方面觀察。清代學者的建設事業。大部分在考證方面。以現在的話來解釋。就叫著整理國故。這種工作於儒家道術祇有間接關係直接關係很少可以略去不講我們且要知道這種工作很勤勞威信也很偉大就是了考證以外對於儒家道術有直接關係的建設事業可以分好幾派一方面根據王學朱學加以修正或發明他方面更能一空依傍自樹一幟他們所處的時間先先後後不同他們所在的地方南北東西各異現在我們舉出六個人簡單的說明一下

一繼承王學加以修正當推孫奇逢（夏峯）王學末流變得很多處處受社會上的非難要想維持王學不能不加以修正孫夏峯李二曲都是如此主張而夏峯推衍流派較盛夏峯生於晚明人格高尚豪俠好義最能濟朋友之難壽命又很長直活到九十三歲才死清師入關他的家鄉讓滿人圈去了跑到河南蘇門躬耕講學門弟子從之遊者極多所以他這一派在清初算是很盛他是王派但並不墨守王學對程朱都不攻擊有人把他編入調和派清初學者以朱攻王者有之以王攻朱者覺少頂多為陽明作辯護而已夏峯即是如此他在河南躬行力踐用工堅苦其學問雖得力於陽明然對於王學末流禪宗頓悟的學風深所不取後來湯斌（潛庵）的學問就得力於夏峯他們二人的工作專在恢復王學本來面目對於二谿以後的王學與以相當的排斥以恢復陽明真相使得有保存的價值可謂王學的修正派

二發明王學使之愈益光大當推黃宗羲（梨洲）明末王學後殿就是劉蕺山他生於浙東浙東王學很盛但是變相非本來面目他因為末流太猖狂了設法校正他們清初浙中王學分為二派二谿一派以姚江書院為中心蕺山一派以證人書院為中心明儒學案稱明代大師二人前有陽明後有蕺山梨洲是蕺山的門生學問上繼續的修正王學修養上亦全本蕺山遺緒但他另向一方面發展即史學及經世之學陽明本有六經皆史

之說而且本身事功極盛梨洲循着這一點發揮光大頗能改正王學末流空疏冥悟之弊梨洲一方面承蕺山遺緒發明王學於清代學風上其開闢的功勞與顧亭林等一方面建設新學派努力史學後來萬季野邵念魯全謝山章實齋這一般人都完全受他的影響關於史學方面這是後話且不用講專講他在儒家道術方面眞不愧王學大師二百多年來感化力的宏大規模的深遠還沒有超過他的啊

承繼孫夏峯學說的是湯潛庵承繼黃梨洲學說的是李穆堂兩位都是乾隆時人爲陸王學派的結束者湯作巡撫李作侍郎皆光明俊偉規模宏大湯純爲實行家紙面上的學問不多李爲著作家有全集行於世他們都是結束陸王學派的人做的事業算是結束同時不能不算是一種建設令陸王學派經時代變遷仍能立脚得住有價値有光彩這是他們的功勞

在王學方面有這幾個人支持殘壘遺緒尙可不墜在朱學方面人才就很難得大抵有清一代學者態度陽奉陰違表面是宋學骨子裏是漢學對於朱子直接攻擊者少敷衍面子者多其間擁護程朱的多半是闊老一面罵陸王派爲狂禪一面罵漢學家爲破碎反抗程朱便是大逆不道寧說周孔錯不說程朱非這類人多從八股出身在學者社會中沒有多大勢力在普通社會很能聳動視聽可以略去不講勉强要在程朱派找出一個人來祇好還數陸稼書清代最初從祀孔廟的是他他於程朱學術的全體無多大發明祇能說他持身甚嚴衞道甚力而已清代程朱派人數雖多人才很少與其求之於陸稼書一派不如求之於漢學家漢學家訓詁之學實際上是從厚齋東發一派衍生出來章實齋說過戴東原儘管罵朱子實際上走的是朱子那條路這個話兩方都不承認但是事實給我們一種很好的證明

三尊敬程朱而能建設新學說當推顧炎武（亭林）顧氏大家公認為清學開山祖師然絕不像朱學派之以道統自任他對程朱表示相當敬意在山西時曾修朱子祠堂可謂之準朱學派然而亭林對於朱學的修正比梨洲對於王學的修正還多黃氏根本上以王學為主顧氏對朱學不過敬禮而已亭林方面很多經世之學有天下郡國利病書考證之學有日知錄好幾個清代的學派都由他開發出來他治學自立門庭反對講空話不輕言義理性命專從實際的方面下手他對於儒家道術不單講內聖兼講外王宋明學者都祇一偏並非儒家眞相他想恢復儒學本來面目專提論語所謂『行己有恥博學於文』兩句話用來涵蓋一切修養的方法很多最扼要是行己有恥即自律甚嚴之謂對於晚明放僻頹廢的學風根本上施以校正一個人要方正要廉隅不要像球那樣滾日夜自己檢束歸根結底是知恥二字不恥惡衣惡食而恥匹夫之不被其澤不恥地位不如人而恥品格不清他專在廉隅名節出處進退辭受取予方面注意以為要如此才可以完成人格這種有恥之教比蕺山愼獨之教還要鞭辟近裏些治學的方法很多最扼要是博學於文文有幾種解釋書本知識是文自然現象是文社會現象亦是文要隨時觀察研究所以說他的學問不單是內聖方面而且兼外王方面至於要明白他對於恥及文的詳細解釋可以在他的日知錄及文集裏邊找去他本人人格崇高才氣偉大為明代忠貞不二的遺老很得力於他母親（非親生母）的教訓他的父親早死母親未婚守節十七歲到顧家過繼他作養子慢慢地撫育成人滿洲入關義不事二姓絕食二十七日而死這樣的節婦眞是難能可貴了顧母死時囑付亭林不得在清朝作官他平時所受教育很深臨終又有這樣大的刺激所以他一身行為完全受顧母的支配亭林初非明室官吏然念念不忘恢復到處觀察形勢預為地步到事功絕望時乃另創一種學風直影響

到現在。其成就不在恢復明室之下。他人格高尚。無論那派。不能不佩服他學問淵博。開出來的門庭很多。說到清學的建設。自然不能不數他了。

四非朱非王。獨立自成一派。當推王夫之（船山）。船山是湖南人。他這一派。叫着湖湘學派。在北宋時爲周濂溪。在南宋時爲張南軒。中間很銷沉。至船山而復盛。他獨居講學。並無師承。居在鄉間很少出來。生平祇到過武昌一次。北京一次。可以說是個鄉下人。清師入關。他抵死不肯剃頭。所以怕人看見。藏在山洞裏。窮到沒有紙筆。然仍好學不厭。他的學風。與程朱比較接近。不過謂之程朱。毋寧謂之橫渠。橫渠作正蒙。船山的中心著作爲正蒙註。橫渠於書本外。注重觀察自然界現象。船山也受他的影響。其精神比較近於科學的。張學自南宋斷後。幾百年至清初又算繼續起來了。船山堅苦卓絕。人格感化極強。學問尤爲淵博。他的讀通鑑論宋論。不愧爲一史評家。對於歷史上事實。另用新的眼光觀察。所以他除自己身體力行外。學問方面。在史學界貢獻甚大。這兩部史論。專作翻案。爲後來讀史的人。思想開放許多。船山對於佛學。很有研究。而且學的是法相宗。作有相宗絡索。近二十年法相宗復活。研究的人很多。並不算稀奇。但是在那時。佛教方面。完全爲禪宗及淨土宗所佔領。沒有人作學理的研究。他獨在二百年前。祖述玄奘以後中斷了的墜緒。可謂有獨到的見解了。並且當時儒學末流。養成狂禪。分明是學佛教。抵死不肯承認與佛教有關。他獨明目張膽。研究儒學。同時又研究佛教。一點不掩飾。這是何等的爽快。船山在清初湮沒不彰。咸同以後。因爲刊行遺書。其學漸廣。近世的曾文正胡文忠都受他的薰陶。最近的譚嗣同黃興。亦都受他的影響。清末民初之際。智識階級。沒有不知道王船山的人。並且有許多青年。作很熱烈的研究。亦可謂潛德幽光。久而愈昌了。

五。尊崇程朱。傳其學於海外。當推朱之瑜（舜水。）舜水在本國沒有什麼影響。史家多不能舉其名。他後半生都在日本過活。日本最近二百年的學風。完全由他開出。明亡後。他屢屢欲作光復的事業。初到日本。後到安南暹羅。在海外密謀起義。赤手空拳的經過多少艱難困苦。到底毫無成就。後來鄭成功張蒼水大舉北伐。攻下鎮江。幾乎剋復南京。他在蒼水軍中規畫一切。曾經走到蕪湖。結果還是失敗了。自是之後。光復事業完全絕望。他便打定主意。在滿清統治之下。絕對不回中國。那時日本人還抱閉關主義。外國人祇能在長崎租界。停頓些時。旁的地方。一律不讓住。所以他很困難。住些時走了。走了又來。往返許多次。長崎的日本人知道他學問淵博。人格高尙。異常敬禮。後來讓大將軍德川氏聽見了。請到東京去。待以賓師之禮。他亦以師道自居。德川光國的兒子亦作他的門生。他於是住在東京。又十幾年才死。因爲德川氏的敬禮。全國靡然從風。對於他的起居言動。都很恭敬。他在日本學術界。算是很有勢力。日本從前受中國文化最深。是唐代。派遣學生學僧來唐留學。唐時佛教甚盛。儒術衰微。學去的都是佛教。宋明儒學復興。但其時中日關係淺薄。所以日本對於儒術。根本上不明瞭。舜水是程朱派的健將。自他去後。朱學大昌。朱子之學。在國內靠陸稼書一般人的提倡。不過成績很有限。在國外靠朱舜水一個人的傳播。眞是效力大極了。自然舜水是程朱一派的人。但是本事很大。書本上的知識很好。實際上的事情。一點亦不放鬆。他在日本學風上很有貢獻。詩（各家的詩）同畫（小李將軍的山水）亦很有影響。他帶去東西。至今還歸日本帝國博物院保存。他又懂建築。日本之有孔廟。卽由他起。孔廟中的房屋棟宇衣服器具。完全摹倣中國。都由他打圖樣起稿子。連他自己的棺材。亦屬親手造成。要能耐久不壞。滿淸之後。好運回中國。辛亥革命時。還在日本保存。我們可以設法交涉。運回國來。固然他們尊重朱夫子。不願運走。但本人的志願。死後非運回來不可。應以尊重本人志願。爲是。日本博物院。還有朱舜水手造模型。確是當年遺物。由此可以知道。他不單講身心性命。還講各種技術。他又教日本人讀資治通鑑。以爲最能益人神智。他在日本前後十幾年。人格感化力大。方面又多。可以說自遣唐留學以後。與中國文化眞正接觸。就是這一回。德川氏二百多年。以文治國。就是繼承他的遺緒。維新以前。一般元老。都很受影響。他是朱學中間王學。亦輸入到維新時。兩派都有了。維新時一切改革。王派力量很多。朱派力量亦不少。把朱學由中國傳到日本。就是靠他。

六。反朱反王而能獨立自成一派。要算顏元（習齋）。習齋的學說。很有點像實驗派的杜威。他完全是一個鄉下老。境遇非常可憐。他的父親。在崇禎十二年。滿洲人大掠直隸山東。擄去爲奴去了。後來死在那裏。習齋伶仃孤苦。父亡母嫁。成爲一個無依無靠的孤兒。由旁人把他撫育長大。所以意志堅苦卓絕。雖然無師無友。而能獨立自成一家。他反對宋學。主張根本推翻。以爲孔孟都是動的。宋學獨是靜的。與孔孟相反。他尤其厭惡的是談玄。儒家本不談玄。宋以來。玄味日趨濃厚。大非古意。他想復古。復到孔門所學。祇談禮樂射御書數。不談身心性命。知識由何而來。由於做。譬如我們想到南京。不知怎樣走法。問路徑。買地圖。可以知道大概。但要知道實在情形。還得親身走去。他說宋以後的學問。祇是問路徑。買地圖。不曾親身走路。眞的儒家道術。不應如此。習齋對於周程以下。原想根本推翻。另外建設新的學派。那時雖未成功。其思想行事。很帶科學精神。若使生於今日。必定是一個純粹的科學家。他立志做書本以外的學問。禮樂射御書數。樣樣都去實行。自己打靶。自己趕車。樂要學古樂。禮要依儀禮。但是所作這些事。還是離不開書本。很難說是成功。不過精神可取就是了。他的話。很有許多合於科學。前兩年科玄戰爭。就有許多人引用。其中一部分。到現在看來。還是對的。這些地方。很可以令人佩服。

他因為太古板。沒有開闢什麼。他的門生李恕谷活動力很大。文章好。學問又淵博。常到北京。那時北京士大夫喜歡講學。有一次請萬季野主講。大家去聽。季野見恕谷異常佩服。就介紹恕谷講。以季野的聲名學問。很能震動一時。達官貴人拜倒門下者不少。但是對於這個無聲無臭。而且又年輕的李恕谷。居然客氣謙遜起來。不能不說是異樣的舉動。由此北京人才知道有李塨。又才知道有顏元。恕谷極其活動。曾到陝西。又到江南。到處宣傳他老師的學說。所以這派學問。在當時很有力量。戴東原的見解。與顏李相同之點頗多。雖不敢說直接發生關係。然間接總受影響。恕谷死後。漢學派盛行。對於他的學問。大不謂然。而假程朱一派。尤為恨入骨髓。在兩種勢力壓迫之下。顏李這派。自然日就銷沉了。道光末。戴望子高。很提倡顏氏學說。近二三十年來。頗有復活的趨勢。大家都承認顏氏為一個大師。很佩服他的不說空話。專講實行的精神。但是他的學問。究竟能復活與否。我尚懷疑。因為太刻苦了。很難做到。他最反對以孔門的話。作為口頭禪。我們但學他的話。不能實行他的主張。算不得真顏李派。往後青年。果能用極堅苦的精神去實行。自然可以復活。

清代初葉在建設方面。可以這六派作為代表。雖然他們的學說。各有短長。然俱能自樹一幟。而且持之有故。言之成理。有的於當時影響很大。有的於後代影響很大。而且這幾個大師。方面都很多。不像宋儒單講身心性命。所以開闢力格外來得強大。後來各種學說。都由他們啟個端緒。由後人集其大成。清代學術。所以能大放異彩。大部分靠他們。

丙　清中葉以後四大潮流

上面所說破壞方面的五派。建設方面的六派。都是清代初葉同中葉的事情。中葉以後。到乾嘉之間。這許多學說。暫時各歸沉寂。另有四大潮流出現。而考證學不在內。在前面已經說過了。考證學與儒家道術。無大關係。可以不講。有關係的就是這四大潮流。

一。皖南學派以戴震（東原）爲代表。東原本來受他鄉先輩江永（愼修）的影響。（有人說他是愼修學生。這個話靠不住。恐怕是私淑弟子。）愼修的學問有點像顧亭林。對於經學及音韻學。很有研究。對於程朱的學問。亦能實行。他的近思錄續考。可謂朱門正傳。朱派自王厚齋黃東發以後。就是顧亭林。亭林以後。就是江愼修。東原自幼便受愼修的影響。淸代考證學。東原集其大成。本人著作很多。段玉裁王念孫。皆出其門下。在當時惠戴齊名。但是定宇成就小。東原開闢多。在淸代中。他算第一流的學者。與他同時的人。推重他的訓詁考證。其實東原所得。尙不止此。他之所以偉大。還是在儒家道術方面。孟子字義疏證。及原善原性。俱有獨到的見解。他死後。門生洪榜爲作行狀。以他所作與彭進士書嵌入。親友譁然。結果戴家所發行狀。把那一段刪去。而洪榜文集中。則將原文留下。旁的爲他作傳作行狀的人。都沒有提到他的儒學。這是很不對的。孟子字義疏證。將原書一字一字的解釋。把儒家道術大部分放在裏邊。可算得孟氏功臣。他一方面發揮性善之說。一方面反對宋儒分性爲天理氣質二種。認定宋儒矯正性欲。全屬過分。與顏習齋費燕峯相呼應。他對於費書。絕對沒有看見。對於顏的學說。或者間接受李恕谷程緜莊的影響。他這一派。對於宋儒談玄一部分。如無極太極之說。根本上攻擊。對於宋儒談性一部分。如存天理去人欲之說。亦很反對。空空洞洞。專憑主觀的理。不能有好結果。必定要根據客觀的事實。東原自命爲孟子功臣。我們看來。與其說他是孟子的功臣。無寧說他是荀子的功臣。他的學說。與孟不同。與荀相近。他雖反對程朱。實際上得力於程朱者很多。與程朱走的是一條路。（看文史通義朱陸篇）

幫助孟子。然而不像孟子反對朱子。然而近似朱子。清代程朱學派。陸稼書不算正統。戴東原才是正統最少他對於朱學修正補充使有光彩有價值。功勞還在稼書之上因爲他生的北方在皖之南可以稱爲皖南學派。四庫全書大部分由他編定他在清代中葉算是一個中堅人物門生多傳他的考訂訓詁校勘之學。但他關於儒家道術的話亦有很大的影響。凌廷堪（次仲）焦循（里堂）阮元（芸臺）都是一方面研究考訂一方面研究儒術。焦循作孟子正義。對於儒學有相當的發明。阮元爲焦循內弟。同在一塊研究學問著述中關於儒學的話尤多。到阮元時清代漢學已達全盛。自然有流弊發生。所以他自己就提倡漢宋並重以圖挽救。阮作官很大到的地方亦很多。學問不如東原而推廣力過之。卽如廣東他經手創學海堂祇取四十個學生。大多積學之士在學問上貢獻極大。廣東近百年的學風由他一手開出。廣東近代幾位大師都主張調和漢宋。可以陳蘭甫朱九江作爲代表。蘭甫比九江聲名更大。考證學亦很好。他作東塾讀書記孟子一卷諸子一卷程朱一卷。聯合貫通發明處頗多。又作漢儒通義以爲宋儒並不是不講考據。漢儒並不是不講義理。這種學風也可以說是清末「粵學」的特色。卽以我自己而論。對於各家都很尊重。朱程的儒學固然喜歡。考據學亦有興趣。就是受陳朱兩先生的敎訓。更由陳朱推到阮。由阮推到戴。可見戴派影響之大。

二浙東學派。以章學誠（實齋）爲代表。自宋以來。浙東學術很發達。呂東萊而後是陳同甫葉水心再後是甬上四先生楊袁舒沈。又後是王陽明劉蕺山。都是浙東人。浙東在學術界佔很高的地位。陳葉的文獻經世之學。與陽明的身心性命之學混合起來。頭一個承受的人便是黃梨洲。前面講他對於陽明學派的建設。祇算一部分。還有一部分—最重大的部分。是文獻之學。卽史學。梨洲是淸初大師。他的門生。爲萬充宗及萬季野。季野更較淵博偉大。明史稿由其一手作成。二萬是直接的門生。還有一個私淑弟子。卽邵廷采（念魯）念魯的祖父。爲陽明門生。屬姚江書院派。與證人書院派相對抗。到念魯又受業梨洲之門。對於史學異常注重。浙東最有名的學者。都是史學大師。萬。邵。爲史學界開山鼻祖。稍晚一點。爲全祖望（謝山）學問方面很多。但是主要工作。仍在文獻方面。由黃梨洲而萬季野。邵念魯。由萬邵而全謝山。漸漸成爲一種特有的學風。致用方面。遠紹宋代呂東萊一派。文獻之學。修養方面。仍主陽明。到乾隆末。出一位大師。曰章實齋。集浙東學派之大成。實齋全部工作。皆在史學。然單以史學。看不出整個的章實齋。好像單以經學。看不出整個的戴東原一樣。二人於本行之外。在儒家道術上。亦有相當地位。二人交情不好。彼此相輕。學風則有一點相同。俱不主張空談性命。對於帶玄學的心性論。異常反對。要往實際方面下死工夫。實齋講道外無器。器外無道。此二語出自易經。易經說『形而上者謂之道。形而下者謂之器。』東原主張相同。亦有近似這類的話。實齋講六經皆史。要求儒家道術。須好在歷史上求去。道起三人居室。在古代爲書本學問。在近代爲社會事物。所以他自己用力的工作。全在史學上。實齋這一派。雖爲第二大潮流。然在當時不很顯著。他看不起東原。東原門下。又看不起他。而東原聲氣廣遠。他的勢力抵抗不過。自然在當時難於風行。他的價值。最近二三十年。才被人認出來。

三桐城學派。以方東澍（植之）爲代表。我講桐城人物。不舉方苞。不舉姚鼐。因爲他們僅能作點文章。沒有眞實學問。所謂桐城文學。不過紙上談兵而已。自明末以來。桐城很出人才。最初是方以智。明清之間的第二流學者。其次是方苞（望溪）戴名世（南山）康雍之間。頗負盛名。南山以文章出名。所謂因文見道。自他起。後遭文字獄死。大家引以爲戒。望溪屬於程朱派。其地位遠在稼書之下。稼書尙不過爾爾。他的學問更不必說。桐城學派、以前實無可講、嘉慶末年、出了一個偉大人物、即方植之、他生當惠戴學派、最盛行的時候、而能自出主張、不隨流俗所尚、可謂特出之士了、漢學全盛之後、漸漸支離破碎、輕薄地攻擊程朱、自己毫無卓見、方承這種流弊、起一極大反動、作漢學商兌、書林揚觶、對漢學爲猛烈的攻擊、主張恢復程朱、他對於程朱、究竟有多少心得、我不敢說、但在漢學全盛時代、作反抗運動、流弊深了、與他們一付清涼散、吃在思想界、應有重要的地位、他很窮、跟隨阮元、充當幕府、阮開學海堂、其中學長、初用外省人、本堂有成就後、才用本省人、他便作了第一任的學長、廣東學風、採調和態度、不攻宋學、是受他的影響、此猶其小焉者、還有更大的影響、就是曾文正一派、曾文正很尊敬他、爲他刻文集、曾一面提倡桐城文學、一面研究朱學、有聖哲畫像贊、自伏羲文王周公孔子起、一直傳到姚姬傳止、姚爲方的先生、因爲尊敬方、才尊敬姚、曾派及其朋友門下、靠儒學作根底、居然能作出如許的功業、人格亦極其偉大、在學術界很增光彩、而他們與桐城派關係極深、淵源有自、所以我們不能不認桐城爲很大的學派、

四、常州派、可以莊存與（方耕）劉逢祿（申受）爲代表、常州在有清一代、無論那一門學問、都有與人不同的地方、古文有陽湖派、詞有陽湖派、詩亦有陽湖派、尤其在學問上、另外成爲一潮流、有極大的光彩、這一派在經學方面、主張今文學、今古文的爭執、東漢以後已漸消滅、直到清代中葉、又將舊案重提、提案的人、就是莊劉、他們反對東漢以後的古文、恢復西漢以前的今文、研究公羊傳、專求微言大義、以爲東漢以後解經的人、都在訓詁名物上作工夫、忘却了主要的部分、這派的主張、牽連到孔子的政治論、都說孔子作春秋的來意、就是內聖外王、自他們專提今文以後、今文在學術界、很有極大的勢力、繼他們而起的、有兩種人、籍貫雖然不是常州、

然不能不說是常州一派。一個是魏源（默深）著有海國圖誌皇朝經世文編頗努力於經世致用之學。一個是龔自珍（定盦）著有定盦文集關於政治上的論調極多反抗專制政體的話創自黃梨洲王夫之至龔魏更爲明顯他們一面講今文一面講經世對於新學家刺激力極大我們年輕時讀他二人的著作往往發燒南海康先生的學風純是從這一派衍出我們一方面贊成今文家的政治論一方面反對舊有的傳統思想就是受常州派的影響我年輕時認爲他們的主張便是孔子的眞相近來才覺得那種話不過一種手段乃是令思想變化的橋樑上述四派爲乾嘉道咸之間學術上四個大潮流主張都很精采能集前人所已成能開前人所未發所有重要的學者和主張都讓他們包括盡淨了還有一派附帶要講的就是佛學自宋學興起以後儒者對於佛學骨子裏受用口內不敢說前清中葉以後有一派人不客氣的講佛由陽明轉一轉手最主要的是羅有高（臺山）彭紹升（尺木）汪縉（大紳）他們對於淨土宗很實行對於禪宗很排斥雖然留着辮子實際上是幾個未受戒的和尙文章很好儒學亦好他們的地位很像唐代的李翺和梁肅自從他們把眞面目揭開以後大家才覺得講佛不是一件對不起人的事情用不着藏藏躲躲魏默深龔定盦都很講佛不過沒有實行羅彭汪等有純潔的信仰言行又能一致所以在社會上很能站得住脚龔魏等雖是佛徒但沒有他們的純粹不能編入此派清末常佛兩派結合得很堅固我的朋友中如戊戌死難的譚嗣同即由常州派及佛派的結合再加上一點王船山的思想以自成其學問清代主要的學派及潮流大致如此。

從前講研究法有三種，時代的研究法，宗派的研究法，問題的研究法，本講義以時代為主，一時代中講可以代表全部學術的人物同潮流，但是問題散在各處，一個一個的講去，幾千年重要學說的變遷，重要問題的討論，先後的時代完全隔開了，很不容易看清楚，添這一章，說明儒家道術究竟有多少問題，各家對於某問題抱定何種主張，某個問題討論到什麼程度，還有討論的餘地沒有，先得一個簡明的概念，往後要容易懂些，以後各家對於某問題討論得詳細的，特別提出來講，討論得略的，可以省掉了去。

眞講儒家道術，實在沒有多少問題，因為儒家精神不重知識，——問題多屬於知識方面的，儒家精神重在力行，最忌諱說空話，提出幾個問題，彼此互相辯論，這是後來的事，孔子時代原始的儒家根本沒有這種東西，近人批評西洋哲學說「哲學這門學問不過播弄名詞而已」語雖過火，但事實確是如此，哲學書籍雖多，要之僅是解釋名詞的不同，標出幾個名詞來，甲看見這部分，乙看見那部分，甲如此解釋，乙如彼解釋，所以攪作一團，無法分辨，專就這一點看，問題固不必多，多之徒亂人意，許多過去大師都不願討論問題，即如陸象山顧亭林，乃至顏習齋，大概少談此類事，以為彼此爭辯，究竟有什麼用處呢，顏習齋有個很好的譬喩，譬如事父母曰孝，應該研究如何去冬溫夏凊，昏定晨省，才算是孝，乃歷代談孝的人都不如此研究，以為細謹小節，反而追問男女如何媾精，母親如何懷胎，離去孝道不知幾萬里，像這類問題，不但無益，而且妨害實行的功夫。

理論上雖以不談問題為佳，實際上大凡建立一門學說，總有根本所在，為什麼會發生這種學說，如何才有存在的價值，當然有多少原理藏在裏邊，所以不討論學說則已，討論學說便有問題，無論何國，無論何派，都是一樣，中國儒家哲學所討論的問題雖然很少，但比外國的古代或近代，乃至本國的道家或墨家都不相同，即如希臘哲學由於愛智。由於好奇心。如何解釋宇宙。如何說明萬象。完全爲是一種高尚娛樂。爲滿足自己的慾望。至於實際上有益無益。在所不管。西洋哲學大抵同實際發生關係很少。古代如此。近代亦復如此。中國的道家和墨家認爲現實的事物都很粗俗。沒有研究的價值。要離開社會找一個超現實的地方以爲安身立命之所。雖比專求知識較切近些。但離日常生活還是去得很遠。惟有儒家或爲自己修養的應用。或爲改良社會的應用。對於處世接物的方法。要在學理上求出一個根據來研究。問題已陷於空。不過比各國及各家終歸要切實點。儒家問題與其他哲學問題不同。就在於此。儒家的問題別家也許不注重。別家的問題儒家或不注重或研究而未精。看明了這一點。才能認識他的價值。

現在把幾個重要問題分別來講。

一　性善惡的問題

「性」字在孔子以前。乃至孔子本身。都講得很少。孔子以前的。在書經上除僞古文講得很多可以不管外。眞的祇有兩處。西伯戡黎有『不虞天性。不迪率典。』召誥有『節性惟日其邁。』不虞天性的「虞」字。鄭康成釋爲「審度」。說紂王不審度天性。卽不節制天性之謂。我們看節性惟日其邁。意思就很淸楚。依鄭氏的說法。虞字當作節字解。那末書經上所說的性。都不是一個好東西。應當節制牠。才不會生出亂子來。

詩經卷阿篇『豈弟君子。俾爾彌爾性。』語凡三見。朱詩集傳根據鄭箋說『彌終也。性猶命也。』然則性卽生命。可以勉强作爲性善解。其實「性」字。造字的本意原來如此。性卽「生」加「忄」。表示生命的心理。照這樣講，詩經所說性字，絕對不含好壞的意思，書經所說「性」字，亦屬中性，比較偏惡一點。

孔子以前對於性字的觀念如此，至於孔子本身亦講得很少，子貢嘗說『夫子之言性與天道，不可得而聞也，』論語算是可靠了，裏邊有很簡的兩句『性相近也，習相遠也，』下面緊跟着是『惟上智與下愚不移，』分開來講，各皆成理，可以說得通，補上去講，就是說中人之性，可以往上往下，上智下愚，生出來便固定的，亦可以說得通，賈誼陳政事疏，引孔子語，『少成若天性，習慣成自然，』這兩句話，好像性相近，習相遠的註脚，賈誼用漢人語，翻譯出來的意味，稍爲不同一點。

假使周易的繫辭文言，是孔子作，裏面講性的地方到很多，乾彖傳說，『乾道變化，各盡性命，』乾卦文言傳說，『乾元者，始而亨者也，利貞者，性情也，』繫辭上傳說，『一陰一陽之謂道，繼之者善也，成之者性也，』又說『成性存存，道義之門，』說卦傳說，『和順於道德而理於義，窮理盡性以至於命，』諸如此類很多，但是繫辭裏邊，互相衝突的地方亦不少，第三句與第四句衝突，第四句與第五句亦不一樣，我們祇能用作參考，假使拿他們當根據，反把性相近，習相遠的本義，弄不清楚了。

子貢說『性與天道，不可得而聞，』可見得孔子乃至孔子以前，談性的很少，以後爲什麼特別重要了呢，因爲性的問題，偏於教育方面，爲什麼要教育，爲的是人性可以受教育，如何實施教育，以人性善惡作標準，無論教人或教自己，非先把人性問題解決，教育問題沒有法子進行，一個人意志自由的有無，以及爲善爲惡的責任，是否自己擔負，都與性有關係，性的問題解決，旁的就好辦了，孔子教人以身作則，門弟子把他當作模範人格，一言一動，都依他的榜樣，但是孔子死後，沒有人及得他的偉大，教育的規範，不能不在性字方面下手，性的問題因此發生。我看發生的時候。一定去孔子之死不久。

王充論衡的本性篇說『……周人世碩以為人性有善有惡。舉人之善性。養而致之。則善長。性惡。養而致之。則惡長。如此性各有陰陽善惡在所養焉。故世子作養性書一篇。宓子賤漆雕開公孫尼子之徒。亦論情性。與世子相出入。皆言性有善有惡。……』世子。王充以為周人。漢書藝文志以為孔子再傳弟子。主張性有善惡。有陰陽要去養他。所以作養性書。可惜現在沒有了。宓子賤漆雕開公孫尼子。俱仲尼弟子。其著作具載於漢書藝文志王充曾看見過。

宓子賤漆雕開以後。釋性的著作有中庸。中庸這篇東西。究竟在孟子之前。還是在孟子之後。尚未十分決定。崔東壁認為出在孟子之後。而向來學者都認為子思所作。子思是孔子之孫。曾子弟子。屬於七十子後學者。如中庸眞為子思所作。應在宓漆之後。孟子之前。而性善一說。中庸實開其端。中庸起首幾句便說『天命之謂性。率性之謂道。修道之謂教。』率性另有旁的解法。若專從字面看。朱子釋為率循也。率與節不同。節講抑制。含有性惡的意味。率講順從。含有性善的意味。又說『唯天下至誠為能盡其性。能盡其性。則能盡人之性。能盡人之性。則能盡物之性。能盡物之性。則可以贊天地之化育。可以贊天地之化育。則可以與天地參矣。』這段話。可以作「率性之謂道」的解釋。「率性」為孟子性善說的導端。「盡性」成為孟子擴充說的根據。就是依照我們本來的性。放大之。充滿之。中庸思想很有點同孟子。相近荀子非十二子篇。把子思孟子一塊罵。說道『略法先王。而不知其統。猶然而材劇志大。聞見雜博。……子思唱之。孟子和之。世俗之溝猶瞀儒。嚾嚾然不知其所非也。』這個話。不為無因。孟子學說造端於中庸。地方總不會少。

一面看中庸的主張頗有趨於性善說的傾向。一面看繫辭說卦說『一陰一陽之謂道。繼之者善也成之者性也。』『窮理盡性以至於命。』亦是近於性善說的話。如繫辭爲七十子後學者所作至少當爲子思一派。或者子思的學說。與孟子確有很大的影響。繫辭文言非孔子所作因爲裏面稱「子曰」的地方很多。前回已經說過了。彖辭象辭先儒以爲孔子所作更無異論其中所謂『乾道變化各盡性命。』與繫辭中所講性。很有點不同不過生之謂性的意思此外彖辭象辭不知道還有論性的地方沒有應該聚起來細細加以研究。

大概孔子死後弟子及再傳弟子俱討論性的問題。主張有善有惡在於所養。拿來解釋孔子的性相近習相遠。兩句話自孔子以後至孟子以前儒家的見解都是如此到孟子時代性的問題愈見重要與孟子同時。比較稍早一點的有告子。告子上下篇。記告孟辯論的話很多。告子生在孟前。孟子書中有『告子先我不動心。』的話。墨子書中亦有告子。不知祇是一人抑是二人勉強湊合可以說上見墨子。下見孟子。

這種考據的話。暫且不講單講告子論性。主張頗與宓子賤及世子相同。告子說『生之謂性。』造字的本義性就是人所以生者既承認生之謂性。那末善惡都說不上。不過人所以生而已又說『食色性也。』這個性完全講人專從血氣身體上看性。更沒有多少玄妙的地方。赤顆顆的一點不帶色彩。他的結論是『性無善無不善也。』由告子看來性完全屬於中性。還是一說。

同時公都子所問還有兩說。或曰『性可以爲善可以爲不善。』或曰『有性善有性不善。』第一說同告子之說。可以會通因爲性無善無不善。所以性可以爲善。可以爲不善。再切實一點講因爲性有善有不善。所以可以爲善。可以爲不善。第二說有性善有性不善。與性有善有不善不同。前者爲人的差異。後者爲同在一人身中部分的差異。所以說『文武興則民好善。幽厲興則民好暴。』祇要有人領着羣衆往善方面走。全社會都跟着往善走。又說『以堯爲君而有象。以瞽瞍爲父而有舜。』瞽瞍的性惡不礙於舜的性善。這三說都可以謂之離孔子原意最近。拿去解釋性相近習相遠的話。都可以說得通。

孔子所說的話極概括。極含渾。後來偏到兩極端。是孟子與荀子。孟子極力主張性善。公都子說他『今曰性善。然則彼皆非歟』孟子所主的性善。乃是說『君子所性仁義禮智根於心。』這句話如何解釋呢。公孫丑上說『惻隱之心仁之端也。羞惡之心義之端也。辭讓之心禮之端也。是非之心智之端也。人之有是四端也。猶其有四體也。』這幾種心都是隨着有生以後來的。告子上又說『口之於味也有同耆焉。耳之於聲也有同聽焉。目之於色也有同美焉。至於心獨無所同然乎。心之所同然者何也。謂禮也義也。聖人先得我心之所同然耳。故理義之悅我心。猶芻豢之悅我口。』這類話講得很多。他說仁義禮智。或說性是隨着有生就來的。人的善性本來就有。好像口之於美味。目之於美色一樣。堯舜與吾同耳。

人性本善。然則惡是如何來的呢。孟子說是習慣。是人爲。不是原來面目。凡儒家總有解釋孔子的話。『心之所同然。』『聖人與我同類。』這是善。是性相近。爲什麼有惡。是習相遠。告子上又說『牛山之木嘗美矣。以其郊於大國也。斧斤伐之。可以爲美乎。是其日夜之所息。雨露之所潤。非無萌蘖之生焉。牛羊又從而牧之。是以若彼濯濯也。人見其濯濯也。以爲未嘗有材焉。此豈山之性也哉。雖存乎人者。豈無仁義之心哉。其所以放其良心者。亦猶斧斤之於木也。旦旦而伐之。可以爲美乎。其日夜之所息。平旦之氣。其好惡與人相近也者幾希。則其旦晝之所爲有梏亡之矣。梏之反覆。則其夜氣不足以存。夜氣不足以存。則其違禽獸不遠矣。人見其禽獸也。而以爲未嘗有才焉者是豈人之情也哉』這是用樹林譬喻到人樹林所以濯濯因爲斬伐過甚人所以惡因爲失其本性所以說『若夫爲不善非才之罪也』人性本是善的失去本性爲習染所誤才會作惡好像水本是清的流入許多泥沙這才逐漸轉濁水把泥沙淘淨便清了人把壞習慣去掉便好了自己修養的功夫以此爲極點教育旁人的方法亦以此爲極點

孟子本身對於性字沒有簡單的定義從全部看來絕對主張性善性善的本原祇在人身上有仁義禮智四端而且四端亦就是四本公孫丑上講『無惻隱之心非人也無羞惡之心非人也無辭讓之心非人也無是非之心非人也』說明人皆有惻隱之心以乍見孺子將入於井爲例下面說『非所以內交於孺子之父母也非所以要譽於鄉黨朋友也非惡其聲而然也赤顆顆的祇是惻隱不雜一點私見這個例確是引得好令我們不能不承認惻隱之心人皆有之可惜羞惡之心恭敬之心是非之心就沒有舉出例來我們覺得有些地方卽如辭讓之心便很難解答若能起孟子而問之到是一件很有趣的事情孟子專看見善的方面沒有看見惡的方面似乎不大圓滿荀子主張與之相反要說爭奪之心人皆有之到還對些那時的人如此現在的人亦然後來王充本性篇所引如商紂羊舌食我一般人髫鬌生來就是惡的不能不承認他們有一部分的理由孟子主張無論什麼人生來都是善的要靠這種絕對的性善論作後盾才樹得起這派普遍廣大的教育原理不過單作爲教育手段那是對的離開教育方面旁的地方有的說不通無論何人亦不能爲他作辯護

因爲孟子太高調太極端引起反動所以有荀子出來主張性惡性惡篇起頭一句便說『人之性惡其善者僞也』要是不通訓詁這兩句話很有點駭人聽聞後人攻擊他就因爲這兩句荀子比孟子晚百多年學風變得

很利害。講性不能籠統地發議論。要根據論理學。先把名詞的定義弄清楚。在這個定義的範圍內。再討論其性質若何。「性惡」是荀子的結論。爲什麼得這個結論。必先分析「性」是什麼東西。再分析「僞」是什麼東西。「性」「僞」都弄明白了。自然結論也就明白了。什麼是性。正名篇說『生之所以然者謂之性。』與告子『生之謂性。』含義正同。底下一句說『性之和所生。精合感應。不事而自然謂之性。』便是說自然而然如此。一點不加人力。性之外。還講情。緊跟着說「性之好惡喜怒哀樂謂之情。」這是說情是性之發動出來的。不是另外一個東西。卽性中所含的喜怒哀樂往外發洩出來的一種表現。什麼是僞。下面又說。『情然而心爲之擇謂之慮。心慮而能爲之動謂之僞。』能字荀子用作態字。由思想表現到耳目手足。緊跟着說。『慮積焉能習焉而後成謂之僞。』這幾段話。簡單的說。就是天生之謂性。人爲之謂僞。天生本質是惡的。人爲陶冶。逐漸變善。所以他的結論是。『人之性惡。其善者僞也。』

荀子對於性解釋的方法。與孟子相同。惟意義正相反。性惡篇說。『今人之性。生而有好利焉。順是故爭奪生而辭讓亡焉。生而有疾惡焉。順是故殘賊生而忠信亡焉。生而有耳目之欲。有好聲色焉。順是故淫亂生而禮義文理亡焉。然則從人之性。順人之情。必出於爭奪。合於犯分亂理而歸於暴。故必將有師法之化。禮義之道。然後出於辭讓。合於文理。而歸於治。用此觀之。然則人之性惡明矣。其善者僞也。故枸木必將待檃括烝矯然後直。鈍金必將待礱厲然後利。人之性惡。必將待師法然後正。得禮義然後治。』這段話是說順着人的本性。祗有爭奪殘賊淫亂。應當用師法禮義去矯正他。猶之乎以樹木作器具。要經過一番人力一樣。性惡篇還有兩句說『不可學不可事之在天者。謂之性。可學而能。可事而成之在人者。謂之僞。是性僞之分也。』這兩句話。說得好極了。性僞所以不同之點講得淸淸楚楚的。禮論篇還有兩句說『性者本始材朴也僞者文理隆盛也無性則僞之無所加無僞則性不能自美』這是說專靠原來的樣子一定是惡的要經過人爲才變得好。

荀子爲什麼主張性惡亦是拿來作敎育的手段孟子講敎育之可能荀子講敎育之必要對於人性若不施以敎育聽其自由一定墮落好像枸木鈍金若不施以蒸矯礱厲一定變壞因爲提倡敎育之必要所以主張性惡說一方面如孟子的極端性善論我們不能認爲眞理一方面如荀子的極端性惡論我們亦不完全滿意不過他們二人都從敎育方面着眼或主性善或主性惡都是拿來作敎育的手段所以都是對的孟子以水爲喩荀子以礦爲喩採得一種礦苗如果不淘不鍊不鑄斷不能成爲美的金器要認性是善的不須敎育好像認礦是純粹的不須鍛鍊這個話一定說不通對於礦要加工夫對於人亦要加工夫非但加工夫而且要常常加工夫這種主張在敎育上有極大的價値但是離開敎育專門講性不見得全是眞理我們開礦的時候本來是金礦才可以得金本來是錫礦絕對不能成金。

孟荀以前論性的意義大概包括情性並講把情認爲性的一部分孟子主性善告子上論情說『乃若其情則可以爲善矣乃所謂善也』性善所包括的情亦善荀子主性惡正名篇論情說『不事而自然謂之性性之好惡喜怒哀樂謂之情』性惡所包括的情亦惡籠統地兼言性情把情作爲性的附屬品漢以前學者如此。

至漢學者主張分析較爲精密一面講性的善惡一面講情的善惡頭一個是董仲舒最先提出情性問題春秋繁露深察名號篇說『……天地之所生謂之性情性情相與爲一瞑情亦性也謂性已善奈其情何故聖人莫謂性善累其名也身之有性情也若天之有陰陽也言人之質而無其情猶言天之陽而無其陰也』董子於性

以外專提情講雖未把情撇在性外然漸定性情對立的趨勢王充論衡本性篇說『董仲舒覽孫孟之書作性情之說曰「天之大經一陰一陽人之大經一情一性性生於陽情生於陰陰氣鄙陽氣仁曰性善者是見其陽也謂惡者是見其陰者也……』人有性同情與天地的陰陽相配頗近於玄學的色彩而謂情是不好的東西這幾句話春秋繁露上沒有想系節其大意董子雖以陰陽對舉而陽可包陰好像易以乾坤對舉而乾可包坤一樣春秋繁露的話情不離性而獨立論衡加以解釋便截然離爲二事了大概董子論性有善有惡深察名號篇說『人之誠有貪有仁仁貪之氣兩在一身』這個話比較近於眞相孟子見仁而不見貪謂之善荀子見貪不見仁謂之惡董子調和兩說謂『仁貪之氣兩在一身』所以有善有惡王充批評董子說他『覽孫孟之書作性情之說』這個話有語病他並不是祖述那一個的學說不過他的結論與荀子大致相同深察名號篇說『天生民性有善質而未能善』『今萬民之性待外教然後能善』實性篇又說『名性者中民之性中民之性如繭如卵卵待覆二十日而後能爲雛繭待繅以涫湯而後能爲絲性待漸於教訓而後能爲善善教訓之所然也』孟子主張性無有不善他不贊成荀子主張人之性惡他亦不贊成但是他的結論偏於荀子方面居多董子雖主情包括於性中說『情亦性也』但情性二者幾乎立於對等的地位後來情性分陰陽陰陽分善惡逐漸變爲善惡二元論了漢朝一代的學者大概都如此主張白虎通乃東漢聚集許多學者討論經典問題將其結果編撰而成一部書其中許多話可以代表當時大部分人的思想白虎通情性篇說『情性者何謂也性者陽之施情者陰之化也人稟陰陽氣而生故內懷五性六情情者靜也性者生也此人所稟天氣以生者也故鈎命決曰「情生於陰欲以時念也性生於陽以理也陽氣者仁陰氣者貪故情有利欲性有仁也」』這些話

祖述董仲舒之說董未劃分白虎通已分為二王充時已全部對立了許愼說文說『性人之陽氣性善者也』『情人之陰氣有欲者』此書成於東漢中葉以陰陽分配性情性是善的情是惡的此種見地在當時已成定論王充羅列各家學說歸納到情性二元善惡對立為論性者樹立一種新見解

情性分家東漢如此到了三國討論得更為熱烈前回講儒學變遷說鍾會作四本論討論才性同才性異才性合才性離的問題才大概即所謂情孟子說『乃若其情則可以為善矣乃所謂善也若夫為不善非才之罪也』情才有密切關係情指喜怒哀樂才指耳目心思都是人的器官四本論這部書可惜喪失了內中所說的才是否即情尚是問題亦許才即是情董尚以為附屬東漢時已對立三國時更有同異離合之辯後來程朱顏戴所講亦許他們早說過了大家對於情的觀念認為才是好東西這種思想的發生與道家有關係與佛教亦有關係何晏著聖人無喜怒哀樂論主張把情去乾淨了便可以成聖人這完全受漢儒以陰陽善惡分性情的影響

到唐朝韓昌黎出又重新恢復到董仲舒原性說『性也者與生俱生者也情也者接於物而生也性之品有三而其所以為性者五情之品有三而其所以為情者七……性之品有上中下三……其所以為性者有五曰仁曰禮曰信曰義曰智性之於情視其品情之品有上中下三其所以為情者七曰喜曰怒曰哀曰懼曰愛曰惡曰欲……情之於性視其品』這是性有善中惡的區別情亦有善中惡的區別韓愈的意思亦想調和孟荀能直接追到董仲舒祇是發揮未透在學界上地位不高他的學生李翺就比他說得透徹多了李翺這個人與其謂之為儒家毋寧謂之為佛徒他用佛教教義拿來解釋儒書並且明目張膽的把情劃在性之外認情是絕對惡

的復性書上說『人之所以爲聖人者性也人之所以惑其性者情也喜怒哀樂愛惡欲七者皆情之所爲也情既昏性斯匿矣非性之過也七者循環而交來故性不能充也……性之動靜弗息則不能復其性』這是說要保持本性須得把情去掉了若讓情盡量發揮本性便要喪失復性書中緊跟着說『將復其性者必有漸也敢問其方曰「弗慮弗思情則不生情既不生乃爲正思正思者無慮無思也」』照習之的說法完全成爲聖人要沒有喜怒哀樂愛惡欲眞是同槁木死灰一樣他所主張的復性是把情欲剷除乾淨恢復性的本原可謂儒家情性論的一種大革命從前講節性率性盡性是把性的本身抑制他順從他或者擴充他沒有人講復性復性含有光復之意如像打倒滿淸恢復漢人的天下這就叫復假使沒有李翺這篇一般人論性都讓情字佔領了去反爲失却原樣如何恢復就是去情習之這派話不是孔子不是孟子不是荀子不是董子更不是漢代各家學說完全用佛敎的思想和方法拿來解釋儒家的問題自從復性書起後來許多宋儒的主張無形之中受了此篇的暗示所以宋儒的論性起一種很大的變化與從前的性論完全不同

宋儒論性最初的是王荆公他不是周程朱張一派理學家他排斥在外荆公講性見於本集性情論中他說『性情一也七情之未發於外而存於心者性也七情之發於外者情也性者情之本情者性之用情而當於理則聖賢不當於理則小人』此說在古代中頗有點像告子告子講『生之謂性』『食色性也』『性可以爲善可以爲不善』與當於理則君子不當於理則小人之說相同荆公在宋儒中最爲特別極力反對李翺一派的學說

以下就到周濂溪張載程顥程頤朱熹算是一個系統他們幾個人雖然根本的主張出自李翺不過亦有多少

變化。其始甚粗。其後甚精。自孔子至李翺。論性的人。都沒有用玄學作根據。中間祇有董仲舒以天的陰陽配人的性情講。頗帶玄學氣味。到周程張朱一派。玄學氣味更濃。濂溪的話。簡單而費解。通書誠幾德章說。『誠無爲。幾善惡。』這是解性的話。他主張人性二元。有善有惡。太極圖說又云。『無極而太極。太極動而生陽。動極而靜。靜而生陰。』他以爲有一個超絕的東西。無善無惡。卽誠無爲。動而生陰。卽幾善惡。幾者。動之微也。動了過後。由超絕的一元。變爲陰陽善惡的二元。董子所謂天。卽周子所謂太極。周子這種誠無爲。幾善惡的話。很簡單。究竟對不對。另是一個問題。我們應知道的。就是二程張朱。後來都走的這條路。張橫渠的正蒙誠明篇說。『形而後有氣質之性。善反之。則天地之性存焉。故氣質之性。君子有弗性者。』形狀尚未顯著以前。爲天理之性。形狀顯著以後。成爲氣質之性。天理之性。是一個超絕的東西。氣質之性。便有着落。有邊際。李翺以前。情性對舉。是兩個分別的東西。橫渠知道割開來說不通。要把喜怒哀樂去掉。萬難自圓其說。所以在性的本身分成兩種。一善一惡。並且承認氣質之性是惡的。比李翺又進一步了。

明道亦是個善惡二元論者。二程全書卷二說。『論性不論氣。不備。論氣不論性。不明。』他所謂氣。到底與孟子所謂情和才。是全相合。或小有不同。應當另外研究。他所謂性。大概卽董子所謂情。論情要帶着氣講。又說。『生之謂性。性卽氣。氣卽性。人生氣稟。理有善惡。然不是性中元有此兩兩相對而生。有自幼而善。有自幼而惡。氣稟有然也。善固性也。然惡亦不可不謂之性。』他一面主張孟子的性善說。——宋儒多自命爲孟子之徒——一面又主張告子的性有善有惡說。生之謂性一語。卽出自告子。最少他是承認人之性善惡混。如像董仲舒揚雄一樣。後來覺得不能自圓其說了。所以發爲遁詞。又說。『人生而靜以上不容說。才說性時。便已不是性也。』這好像禪宗的派頭。才一開口。卽便喝住。從前儒家論性。極其平實。到明道時。變成不可捉摸。持論異常玄妙。結果生之謂性是善。不用說。有了形體以後。到底怎麼樣。他又不曾說清楚。弄得莫明其妙了。伊川的論調。又自不同。雖亦主張二元。但比周張大程都具體得多。近思錄道體類說『性出於天。才出於氣。氣淸則才淸。氣濁則才濁。氣則有善有不善。才則無善無不善。』這種話與橫渠所謂天理之性。氣質之性。立論的根據很相接近。全書卷十九又說『性無不善而有善有不善者才也。性卽是理。理則自堯舜至於途人一也。才禀於氣。氣有淸濁。淸者爲賢。濁者爲愚。』名義上說是宗法孟子。實際上同孟子不一樣。孟子說『若夫爲不善。非才之罪也。』主張性。情。才全是善的。伊川說『有善有不善者才也。』兩人對於才的見解相差多了。伊川看見絕對一元論講不通。所以主張二元。但他同習之不一樣。習之很極端。完全認定情爲惡的。他認定性全善。情有善有不善。才卽孟荀所謂性。性才並舉。性卽是理。理是形而上物。這是言性的一大革命。人生而近於善。在娘胎的時候。未有形式之前。爲性。那是善的。一落到形而下。爲才。便有善有不善。二程對於性的見解。實主性有善有不善。不過在上面。加上一頂帽子。叫做性之理。他們所謂性。與漢代以前所謂性不同。另外是一個超絕的東西。

朱熹的學問。完全出於伊川橫渠。他論性。卽由伊川橫渠的性論引伸出來。學的上說『論天地之性。則專主理。論氣質之性。則以理與氣離而言之。』這完全是解釋張橫渠的話。語類一又說『性者人之所得於天之理。生者人之所得於天之氣。』他把性同生分爲兩件事。與從前生之謂性的論調不一樣。從大體看。晦翁與二程主張相似。一面講天之理。一面講天之氣。單就氣質看。則又微有不同。二程謂氣質之性。有善有不善。屬於董子一派。晦翁以爲純粹是惡的。屬於荀子一派。因爲天地之性。是超絕的。另外是一件事。可以不講。氣質之性。是惡的。

所以主張變化氣質。朱子與李翺差不多。朱主變化氣質。李主消滅情欲。朱子與張載差不多。張分天地之性氣質之性。朱亦分天地之性氣質之性。氣質是不好的。要設法變化他以復本來之性。大學章句說『明德者。人之所得乎天而虛靈不昧。以具衆理而應萬事者也。但爲氣稟所拘人欲所蔽則有時而昏。然本體之明則有未嘗息者。故學者當因其所發而遂明之以復其初也。』恢復從前的樣子。這完全是李翺的話。亦卽荀子的話。周程張朱這派。其主張都從李翺脫胎出來。不過理論更較完善精密而已。

與朱熹同時的陸象山就不大十分講性。象山語錄及文集講性的地方很少。朱子語錄有這樣一段。『問子靜不喜人論性。曰怕只是自己理會不曾分曉。怕人問難。又長大了不肯與人商量。故一截截斷。然學而不論性。不知所學何事。』朱子以爲陸子不講這個問題。祇是學問空疏。陸子以爲朱子常講這個問題。祇是方法支離。不單訓詁考據認爲支離。形而上學亦認爲支離。朱陸辯太極圖說。朱子抵死說是眞。陸子絕對指爲僞的。可見九淵生平不喜談玄。平常人說陸派談玄。近於狂禪。這個話很冤枉。其實朱派才談玄。才近於狂禪。性的問題。陸子以爲根本上用不着講。這種主張固然有相當的理由。不過我們認爲還有商酌的餘地。如像大程子所謂『才說性時便已不是性。』那眞不必討論。但是孟荀的性善性惡說。確有討論的必要。在教育方面。其他方面。俱有必要。總之宋代的人性論。是程朱一派的問題。陸派不大理會。永嘉派亦不大理會。

明人論性。不如宋人熱鬧。陽明雖不像子靜絕對不講。但所講並不甚多。最簡單的是他的四句之敎。『無善無惡性之體。有善有惡意之動。知善知惡是良知。爲善去惡是格物。』據我們看陽明這個話說得很對。從前講性善性惡。都沒有定範圍。所以說來說去莫衷一是。認眞說所討論的那麼多。祇能以『無善無惡性之體』七字了之程朱講性，形而上是善，形而下是惡，陽明講性，祇是中性，無善無惡，其他才情氣都是一樣，本身沒有善惡，用功的方法在末後二句，孟荀論性很平易切實，不帶玄味，程朱論性，說得玄妙超脫，令人糊塗，陸王這派，根本上不大十分講性，所以明朝關於這個問題的論調很少，可以從略。

清代學者對於程朱起反動，以為人性的解釋，要恢復到董仲舒以前，更進一步，要恢復到孟荀以前，最大膽最爽快的推倒程朱，自立一說，要算顏習齋了，習齋以為宋儒論性分義理氣質二種，義理之性與人無關，氣質之性又全是惡，這種講法，在道理上說不通，他在顏氏學記中主張『不惟氣質非吾性之累，而且捨氣質無以存養心性。』他不惟反對程朱，而且連孟子杞柳桮棬之喻，亦認為不對，又說『孔孟以前責之習，使人去其所本無，程朱以後責之氣，使人憎其所本有。』他以為歷來論性都不對，特別是程朱尤其不對，程子分性氣為二，朱子主氣惡，都是受佛氏六賊之說的影響，顏氏學記卷二說『……若謂氣惡，則理亦惡，若謂理善，則氣亦善，蓋氣卽理之氣，理卽氣之理，烏得謂理純一善，而氣質偏有惡哉，譬之目矣，眶皰睛氣質也，其中光明能見物者性也，將謂光明之理專視正色，眶皰睛乃視邪色乎，余謂光明之理固是天命，眶皰睛皆是天命，更不必分何者是天命之性，何者是氣質之性，祇宜言天命人以目之性，光明能視卽目之性善，其視之也則情之善，其視之詳略遠近，則才之強弱，皆不可以惡言，蓋詳且遠者固善，卽略且近亦善，第不精耳，惡於何加，惟因有邪色引動，障蔽其明，然後有淫視而惡始名焉，然其為之引動者，性之咎乎，氣質之咎乎，若歸咎於氣質，是必無此目而後可全目之性矣，非佛氏六賊之說而何。』他極力攻擊李習之的話亦很多，不過沒有攻擊程朱的話那樣明顯，以為依李之說，要不發動才算是性，依程朱之說，非搗目不可了，這種攻擊法未免過火，但是程朱末流，流弊所及，最

少有這種可能性他根本反對程朱把性分爲兩橛想恢復到孟子的原樣這是他中心的主張所有議論俱不過反覆闡明此理而已

戴東原受顏氏的影響很深他的議論與顏氏多相脗合最攻擊宋儒的理欲二元說以爲理是條理卽存於欲中無欲也就無由見理他說『理者察之而幾微必區以別之名也是故謂之「分理」在物之質曰「肌理」曰「腠理」曰「文理」得其分有條而不紊謂之「條理」』理存於欲宋儒雖開人生縹緲茫茫的另找一個超絕的理把人性變成超絕的東西這是一大錯誤東原所謂性根據樂記幾句話『人生而靜天之性也感於物而動性之欲也不能反躬天理滅矣』由這幾句話引伸出來以成立他的理欲一元性氣一元說孟子字義疏證說『人之精爽能進於神明豈求諸氣稟之外哉』又說『理也者情之不爽失者也無過情無不及情謂之性』答彭進士書又說『情欲未動湛然無失是爲天性非天性自天性情欲自情欲天理自天理也』大概東原論性一部分是心理一部分是血氣吾人做學問要把這兩部分同時發展所謂存性盡性不外乎此習齋東原都替孟子作辯護打倒程朱習齋已經很爽快了而東原更爲完密

中國幾千年來關於性的討論其前後變遷大致如此以前沒有拿生性學心理學作根據不免有懸空膚泛的毛病東原以後多少受了心理學的影響主張又自不同往後再硏究這個問題必定更要精密得多變遷一定是很大的這就在後人的努力了

參考書目

一　孟子告子盡心兩篇

二　荀子性惡正名勸學三篇。
三　董仲舒春秋繁露深察名號及實性兩篇。
四　王充論衡率性不性兩篇。
五　韓愈原性一篇。
六　白虎通義情性篇。
七　李翺復性書。
八　朱子語錄講性的一章。
九　近思錄心性兩條。
十　顏習齋存性篇。
十一　戴東原孟子字義疏證。
十二　孫星衍原性一篇。

二　天命的問題

前次所講。不過把研究的方法說一個大概。認眞說儒家哲學到底有多少問題。每個問題的始末何如。要詳細講話就長了。一則講義體不能適用。再則養病中預備很難充分。所以祇得從略。不過這種方法我認爲很好。大家來着手研究。一定更有心得。要不研究。專門批評亦可以。現在接續着講幾個問題。因時間關係。不能十分詳細僅略引端緒而已。

今天講天同命的問題，這兩個問題，有密切的關係，爲便利起見，略分先後，先講天，後講命，天之一字，見於書經詩經中者頗多，如果一一細加考察，覺得孔子以前的人對於天的觀念，與孔子以後的人對於天的觀念不同，古代的天，純爲「有意識的人格神」，直接監督一切政治，如商書湯誓『非台小子敢行稱亂，有夏多罪，天命殛之』，盤庚『先王有命，恪謹天服』，『予迓續乃命於天』，高宗肜日『惟天監下民，典厥義，降年有永有不永，非天夭民，民中絕命』，西伯戡黎『天既訖我殷命……故天棄我，不有康食，不虞天命，不迪率典』，微子『天毒降災荒殷邦』，這幾處都講天是超越的，另爲主宰，有知覺情感，與人同，但是祇有一個大致，愈古這種觀念愈發達，稍近則漸變爲抽象的。

夏書幾篇，大致不能信爲很古，其中講天的，譬如堯典『乃命羲和，欽若昊天，……敬授民時』，『欽哉惟時亮天功』，皐陶謨『天工人其代之，天敍有典，勅我五典五惇哉，天秩有禮，自我五禮有庸哉，……天命有德，五服五章哉，天討有罪，五刑五用哉，……』益稷『惟動王應徯志，以昭受上帝，天其申命用休』，假使這幾篇是唐虞時代所作，則那時對於天的觀念，與孔子很接近了，我們認爲周代作品，在孔子之前不多，可以與孔子銜接，其中的話，雖然比較抽象，但仍認爲有主宰，能視聽言動，與基督教所謂上帝相同。

周初見於書經的，有康誥『我西土惟時怙冒，聞於上帝，帝休，天乃大命文王，殪戎殷』，酒誥『惟天降命，肇我民』，梓材『皇天既付中國民越厥疆土於先王』，洛誥『王如弗敢及天基命定命，……公不敢不敬天之休，』，君奭『在昔上帝割申勸寧王之德，其集大命於厥功，……乃惟時昭文王，迪見冒聞於上帝，惟時受有殷命哉。』見於詩經的有節南山。『昊天不傭。降此鞠凶。昊天不惠。降此大戾。』小明。『明明上天。照臨下土。』文王。『上天之載。無聲無臭。儀刑文王。萬邦作孚。』『文王在上。於昭於天。』維天之命。『維天之命於穆不已。於乎丕顯。文王之德之純。』這個時代的天道觀念已經很抽象。不像基督教所謂全知全能的上帝了。天命是有的。不過不具體而已。把天敍天秩天命天討那種超自然觀念。變爲於穆不已無聲無臭的自然法則。在周初已經成熟。至孔子而大進步。離開了擬人的觀念而爲自然的觀念。

孔子少有說天。子貢說。『夫子之言性與天道。不可得而聞也。』但是孔子曾經講過這個話。『天何言哉。四時行焉。百物生焉。天何言哉。』這是把天認爲自然界一種運動流行。並不是超人以外另有主宰。不惟如此。易經象辭彖辭也有乾卦。彖說。『大哉乾元。萬物資始。乃統天。……』象曰。「天行健。君子以自强不息。』乾元。是行健自强的體。這個東西可以統天。天在其下。文言是否孔子所作。雖說尚有疑問。但不失爲孔門重要的著作。乾卦的文言說。『……先天而天弗違。後天而奉天時。而況於人乎。而況於鬼神乎。』能自强不息。便可以統天。可見得孔子時代。對於天的觀念。已不認爲超絕萬物的人。按照易經的解釋。不過是自然界的運動流行。人可以主宰自然界。

這種觀念。後來儒家發揮得最透徹的。要算荀子。荀子天論篇說。『天行有常。不爲堯存。不爲桀亡。』天按照一定的自然法則運行。沒有知覺感情。我們人對於天的態度。應當拿作萬物之一。設法制他。所以天論篇又說。『大天而思之。孰與物畜而制之。從天而頌之。孰與制天命而用之。』荀子認天不是另有主宰。不過一種自然現象。而且人能左右他。這些話。從「乾元統天」「先天而天弗違」推衍出來的。但是比較更說得透徹些。儒家對於天的正統思想本來如此。中間有墨子一派。比儒家後起。而與儒家相對抗。對於天道另外是一種主張。墨子的天志篇。主張天有意志知覺能觀察人的行爲。是萬物的主宰。當時儒家的話一部分太玄妙。對於一般人的刺激不如墨家之深。所以墨家舊觀念大大的發揮。在社會上很有勢力。此外還有陰陽家爲儒家的別派。深感覺自然界力量的偉大。人類無如之何。他們專講陰陽五行終始五德之運。在社會上亦有相當的勢力。雖不如墨家之大。亦能左右人心。此兩種思想。後來互相結合。在社會上根深蒂固。一般學者很受影響。漢代大儒董仲舒。他就是受影響極深的一個人。春秋繁露中以天名篇的有天容、天辨、循天之道、天地之行、如天之爲、天地陰陽、天地施共七處。爲人者天第四十一說『爲生不能爲人。爲人者天也。人之人本於天。天亦人之曾祖父也。此人之所以乃上類天也。人之形體。化天數而成。人之血氣。化天志而行。人之德行。化天理而義。人之好惡。化天之暖淸。人之喜怒。化天之寒暑。人之受命。化天之四時。人生有喜怒哀樂之答。春秋冬夏之類也。』這種主張。說人是本於天而生。與舊約創世記所稱上帝於七天之中造就萬物。最後一天造人一樣。推就其來源。確是受墨家的影響。董子是西漢時代的學者。他的學說。影響到全部分。全部分的思想。亦影響到他。可見漢人的天道觀念。退化到周秦以上。董子講天人之道。賢良對說『……春秋之中。視前世已行之事。以觀天人相與之際。甚可畏也。』又講五行災異。漢書本傳稱『……以春秋災異之變。推陰陽所以錯行。故求雨閉諸陽。縱諸陰。其止雨則反是。』漢儒講災異的人很多。朝野上下。都異常重視。因不僅仲舒爲然。劉向是魯派正宗。亦講五行災異。洪範五行傳差不多全部都是董子天人三策。句句像墨家的話。春秋繁露所講更多。其他漢儒大半如此。孔子講天道。卽自然界是一個抽象的東西。董子講天道。有主宰。一切都由他命令出來。天人三策說『道之大原。出

於天天不變道亦不變』這種說法同基督所謂上帝一樣了

眞正的儒家不是董子這種說法儒家講『人能弘道非道弘人』此類主張就是乾元統天先天而天弗違的思想道之大原出於天那另外是一種思想漢人很失掉儒家的本意宋代以後漸漸恢復到原樣惟太支離玄妙一些如濂溪的太極圖說橫渠的氣一元論明道的乾元一氣論伊川的天地化育論晦翁的理氣二元論大概以天爲自然法則與孔子的見解尚不十分背謬明代王陽明所講更爲機械先講心物一元天不過物中之一一切萬物皆由心造各種自然法則全由心出可謂純粹的唯心論陽明對天的觀念恢復到荀子孔子他說『天若是沒有我誰去仰他的高地若是沒有我誰去看他的深』這無異說是沒有我就沒有天天地存在依我而存在王學末流擴充得更利害王心齋說『天我亦不做他地我亦不做他聖人我亦不做他』把自我看很清潔一切事物都沒有到我的觀念下面宋元明對於儒家的觀念大概是恢復到孔門思想比較上宋儒稍爲支離明儒稍爲簡切幾千年來對於天的主張和學說大概如此

現在再講命的問題命之一字最早見於書經的有高宗肜日『降年有永有不永非天夭民民中絕命』西伯戡黎『天既訖我殷命……王曰我生不有命在天』召誥『天既遐終大邦殷之命茲殷多先哲王在天』『若生子罔不在厥初生自餘哲命……王其德之用祈天永命』洛誥『王如弗敢及天基命定命』見於詩經的有文王『周雖舊邦其命維新有周不顯帝命不時』蕩『疾威上帝其命多辟天生烝民其命匪諶』維天之命『維天之命於穆不已』思文『貽我來牟帝命率育』敬之『敬之敬之天維顯思命不易哉』其他散見於各處的還很多大致都說天有命人民國家亦都有命因古代人信天自然不能不聯帶的信命了

孔子很少說命門弟子嘗說『子罕言利與命與仁』不過論語中亦有幾處如『五十而知天命』『不知命無以爲君子也』命是儒家主要觀念不易知但又不可不知墨子在在與儒家立於反對的地位所以非命依我們看來儒家不信天應亦不信命墨家講天志應亦講命定可是結果適得其反這是一件很有趣的事情孔子既然不多講命要五十然後能知那末他心目中所謂的命是怎樣一種東西沒有法子了解不過他曾說『道之將行也歟命也道之將廢也歟亦命也』這樣看來人類要受命的支配命一定了無如之何孔子以後易彖辭講『乾道變化各正性命』繫辭講『窮理盡性以至於命』中庸講『君子居易以俟命』孟子尤其講得多『莫非命也順受其正』『夭壽不貳修身以俟之所以立命也』『知命者不立乎巖牆之下』歷來儒家都主張俟命即站在合理的地位等命來卻不是白白的坐着等要修身以俟之最後是立命即造出新命來俟命是靜的立命便是動的了

孟子有一章書向來難解『孟子曰口之於味也目之於色也耳之於聲也鼻之於臭也四肢之於安佚也性也有命焉君子不謂性也仁之於父子也義之於君臣也禮之於賓主也智之於賢者也聖人之於天道也命也有性焉君子不謂命也』這段話各家的解法不同最後戴東原出把「不謂」作爲「不藉口」講他說「君子不藉口於性以逞欲不藉口於命之限而不盡其材」孟子這章書頭一段的意思是一個人想吃好的看好的聽好的這是性不過有分際沒有力做不到祗好聽天安命並不是非吃大菜非坐汽車不可肉體的慾望人世的虛榮誰都願意但切不要藉口於性以縱其慾第二段的意思是說有些人生而有父母有些人生而無父母從前有君臣現在無君臣顏子聞一知十子貢聞一知二我們聞二才知一或聞十才知一這都是命天生來就

如此。不過有性。人應該求知識向上進。不可藉口聰明才力不如人。就不往前做。這兩段話。很可以解釋儒家使命立命之說。

命是儒家的重要觀念。這個觀念不大好。墨家很非難之。假使命由前定。人類就無向上心了。八字生來如此。又何必往前努力。這個話。於人類進步上很有妨害。並且使爲惡的人有所假託。吾人生來如此。行爲受命運的支配。很可以不負責任。儒家言命的毛病在此。墨家所以非之亦在此。一個人雖儘管不信命。但是遺傳及環境無論如何擺脫不開。譬如許多同學中有的身體强。有的身體弱。生來便是如此。身體弱的人雖不一概放下。仍然講求衞生。但是祇能稍好一點。旁人生來身體好的。沒有法子趕上。

荀子講命。又是一種解釋。他說『節遇謂之命』。他雖然不多言命。但是講得很好。偶然碰上。就叫節遇。就叫命。遺傳是節遇。環境亦是節遇。生來身體弱。不如旁人。生在中國。不如外國。無論如何。沒有法子改變。莊子講命很有點像儒家。他說『知其不可奈何而安之若命』。天下無可奈何的事情很多。身體是一種。教育也是一種。許多人同我們一般年齡。因爲沒有錢念書。早晚在街上拉洋車。又有什麼法子呢。儒家看遺傳及環境很能支配人。但是沒有辦法。祇好逆來順受。聽天安命。身體不好。天天罵老太爺老太太無用。沒有錢唸書。天天駡社會。駡國家。亦沒有用。壞遺傳環境。亦祇好安之。人們受遺傳及環境的支配。無可如何的事情很多。好有好的無可如何。壞有壞的無可如何。貧有貧的無可如何。富有富的無可如何。自己貧。不要羨慕人家富。自己壞。不要羨慕人家好。定命說雖有許多毛病。安命說却有很大的價值。個人的修養。社會的發達。國家的安寧。都有密切關係。若是大家不安命。對於已得限制絕對不安。自己固然不舒服。而社會亦日趨紛亂。

安命這種思想儒家看很重不僅如此儒家還講立命自己創造出新命來孟子講『夭壽不貳修身以俟之所以立命也』這是說要死祇得死閻王要你三更死誰肯留人到五更但不去尋死知命者不立乎巖牆之下身體有病就去就醫自己又講衛生好一分算一分不求重病更不求速死小之一人一家如此大之國家社會亦復如此譬如萬一彗星要與地球相碰任你有多少英雄豪傑亦祇得坐而待斃但是如果可以想法避去還是要想法子做一分算一分做不到沒法子祇好安之不把努力工作停了孔子所謂『知其不可爲而爲之』就是這個意思孔子知命所以很快樂『發憤忘食樂以忘憂不知老之將至云耳』一面要安命君子不怨天不尤人一面要立命知其不可爲而爲之這是吾人處世應當取的態度普通講征服自然其實並沒有征服多少日本自明治維新以後幾十年的經營努力所造成的光華燦爛的東京前年地震幾分鐘的工夫便給毀掉了所謂文明所謂征服又在那裏不過人的力量雖小終不能不工作地震沒有法子止住然有法可以預防防一分算一分儒家言命的眞諦就是如此

宋儒明儒都很虛無縹緲說話不落實際可以略去不講清代學者言命的人頗多祇有兩家最說得好一個是戴東原孟子字義疏證卷中解釋『口工作於味也……』一段說『……「謂」猶云藉口耳君子不藉口於性以逞其欲不藉口於命之限而不盡其材「不謂性」非不謂之爲性「不謂命」非不謂之爲命』這幾句話把安命立命的道理說得異常透徹而且異常恰當一個是李穆堂穆堂初稿卷十之八說『是故有定之命則居易以俟之所以息怨尤無定之命則修身以立之所以扶人極也』這是講安命說立命說的功用又說『有定之命有四曰天下之命曰一國之命曰一家之命曰一身之命……無定之命亦有四……』這是講小至

一身一家．大至國家天下．其理都是一樣．數千年來言命．孟荀得其精粹．戴李集其大成．此外無可說．此後亦無可說了．

三　心體問題

這個問題．孔子時代不十分講．孔子教人．根本上就很少離開耳目手足專講心．本來心理作用．很有許多起於外界的刺激．離開耳目手足專講心事實上不可能．孔子教人『非禮勿視．非禮勿聽．非禮勿言．非禮勿動』視聽言動．還是起於五官的感覺．沒有五官．又從那裏視聽言動．起論語稱顏子『其心三月不違仁』為儒家後來講心的起點．仁為儒家舊說．心為後起新說．心仁合一．顏子實開端緒．

因為論語有這個話．引起道家的形神論．除開體魄以外．另有所謂靈魂．而附會道家．解釋儒家的人．漸漸發生一種離五官專講心的學說．莊子人間世稱顏子講心齋．他說『回之家貧．唯不飲酒不茹葷者數月矣．若此．則可以為齋乎』孔子說『是祭祀之齋．非心齋也』顏子問道『敢問心齋』孔子說『若一志．無聽之以耳而聽之以心．無聽之以心而聽之以氣．聽止於耳．心止於符．氣也者．虛而待物者也．唯道集虛．虛者心齋也』這類話．都是由於『其心三月不違仁』而起．離開耳目口鼻之官專門講心．

孔子之後．孟子之前．有繫辭及大學．繫辭究竟是否孔子作．大學是否在孟子前．尚是問題．現在姑且作為中間的過渡學說．繫辭說『寂然不動．感而遂通天下之故』大學說『欲修其身者．先正其心．欲正其心者．先誠其意．欲誠其意者．先致其知．致知在格物』這還單注重動機．沒有講到心的作用．

至孟子便大講其心學了．孟子有一段話說『耳目之官不思而蔽於物．物交物則引之而已矣．心之官則思．思則得之．不思則不得也．』這幾句話從心理學上看．不甚通．他離開耳目之官．專門講心．謂耳目不好受外界的引誘．因爲耳目不能思．心是好的．能够辨別是非．因心能思．孔子沒有這類的話．雖孔子亦曾說『學而不思則罔．思而不學則殆．』但非把心同耳目離開來講．與孟子大不相同．我們覺得既然肉體的耳目不能思．難道肉體的心臟．又能思嗎．佛家講六識．眼識．耳識．心識……心所以能識．還是靠有肉體的器官呀．

上面那段話．從科學眼光看．是不對的．但孟子在性善說中．立了一個系統．自然會有這種推論．孟子既經主張性善．不能不於四肢五官以外．另求一種超然的東西．所以他說．四肢五官．冥頑不靈．或者是惡．或者是可善可惡．惟中間一點心．虛靈不昧．超然而善．告子章說『口之於味也．有同嗜焉．耳之於聲也．有同聽焉．目之於色也．有同美焉．至於心．獨無所同然乎．心之所同然者何也．謂理也．義也．聖人先得我心之所同然耳……』又說『君子所性．仁義禮智根於心．』這都是在肉體的四肢五官以外．另有一種超然的善的心．人與動物不同．就在這種地方．所以他說『人之所以異於禽獸者幾希．庶民去之．君子存之．』大概的意思．是說四肢五官．人與動物所同．惟心靈爲人所獨有．所以人性是善的．何以有惡．由於物交物．則引之而已矣．

因爲物交物的引誘．所以人性一天天的變惡．孟子名之爲失其本心．他說『……是亦不可以已乎．此之謂失其本心．』並以牛山之木爲喻．說道『雖存乎人者．豈無仁義之心哉．其所以放其良心者．亦猶斧斤之於木也．旦旦而伐之．可以爲美乎．』結果．他教人用功下手的方法．就是求其放心．他說『學問之道無他．求其放心而已矣．』人類的心．本來是良的．一經放出去．就不好了．做學問的方法．要把爲物交物所引出的心．收回來．並且

時時操存他孟子引孔子的話說『操則存舍則亡出入無時莫知其鄉惟心之謂與』專從心一方面拿來作學問的基礎從孟子起

後來陸象山講『聖賢之學心學而已』這個話指孟子學說是對的謂孟本於孔亦對的不過孔子那個時代原始儒家不是這個樣子孟子除講放心操心以外還講養心他說『養心莫善於寡欲』又講存心他說『君子以仁存心以禮存心』以養存的功夫擴大自己人格這是儒家得力處孟子全書講心的地方極多可謂心學鼻祖陸象山解釋孟子以爲祇是「求放心」一句話後來宋儒大談心學都是宗法孟子

荀子雖主性惡反對孟子學說然亦注重心學惟兩家所走的道路不同而已荀子全書講心學的有好幾篇最前修身篇講治氣養心之術他說『血氣剛強則柔之以調和知慮漸深則一之以易良勇膽猛戾則輔之以道順齊給便利則節之以動止狹隘褊小則廓之以廣大卑溼重遲貪利則抗之以高志庸衆駑散則刼之以師友怠慢僄棄則炤之以禍災愚款端愨則合之以禮樂凡治氣養心之術莫徑由禮莫要得師莫神一好夫是之謂治氣養心之術也』這一套完全是變化氣質校正各人的弱點與孟子所謂將良心存養起來再下擴大功夫不同孟子主性善故要「求其放心」荀子主性惡故要「化性起僞」

上面所說還不是荀子最重要的話重要的話在解蔽及正名兩篇中荀子的主張比孟子毛病少點孟子把心與耳目之官分爲二荀子則把牠們連合起來正名篇說『然則何緣而有同異曰緣天官凡同類同情者其天官之異物也同故比方之疑似而通是所以共其約名以相期也』一個人爲什麼能分別客觀事物由於天與我們的五官下面緊跟着說『形體色理以目異聲音清濁調竽奇聲以耳異甘苦鹹淡辛酸奇味以口異香臭

芬鬱腥臊洒酸奇臭以鼻異。疾養滄熱滑鈹輕重以形體異。說故喜怒哀樂愛惡欲以心異。』他把目、耳、口、鼻、形體、加上心為六官。不曾把心提在外面。與佛家六根、六塵正同。但是心亦有點特別的地方。『心有徵知。徵知則緣耳而知聲可也。緣目而知形可也。』心與其他五官稍不同。除自外界得來感覺分別之外。自己能動。可以徵求東西。下面一大段講心的作用。比孟子稍為合理。孟子注重內發。對於知識不十分講。荀子注重外範。對於知識十分注重。但是要得健全知識。又須在養心上用功夫。

解蔽篇說得更透徹。他問『人何以知道。曰心。心何以知。曰虛壹而靜。』這是講人類就靠這虛一而靜的心。可以知道。可以周察一切事物。底下解釋心的性質。他說『心未嘗不藏也。然而有所謂虛。心未嘗不兩也。然而有所謂一。心未嘗不動也。然而有所謂靜。』這是講心之為物。極有伸縮餘地。儘管收藏。儘管複雜。儘管活動。仍無害於其虛一而靜的本來面目。又精密又周到。中國最早講心理學的人。沒有及得上他的了。下面說『人生而有知。知而有志。志也者臧也。然而有所謂虛。不以所已臧害所將受。謂之虛。』這是講養心的目的。要做到虛一而靜。而用功的方法。在不以所已臧害所將受。緊跟着又說『心生而有知。知而有異。異也者同時兼知之。同時兼知之兩也。然有所謂一。不以夫一害此一。謂之壹。』這是講人類的心。同時發幾種感想。有幾種動作。但養心求一。祇要不以夫一害此一。縱然一面聽講。一心以為鴻鵠將至。亦無不可。又說『心臥則夢。偷則自行。使之則謀。故心未嘗不動也。然而有所謂靜。不以夢劇亂知。謂之靜。』這是講心之為物。變化萬端。不可端倪。但治心求靜。祇要能靜。就是夢亦好。行亦好。謀亦好。都沒有妨礙。荀子的養心治心。其目的大半為求得知識。不虛不一不靜。便不能求得知識。孟子專重內部的修養。求其放心。操之則存。祇須一點便醒。荀子專重外部的陶冶。養心治心。非下刻苦工夫不可。兩家不同之點在此。然兩家俱注重心體的研究。認爲做學問的主要階級。最初儒家兩大師皆講心。後來一派的宋學。以爲聖學卽心學。此話確有一部分眞理。我們也相當的承認他。

漢以後的儒者。對於這類問題。不大講。就講亦不十分清楚。董仲舒深察名號篇說『栣衆惡於內。弗使得發於外者。心也。故心之爲名栣也。』董子全部學說。雖調和孟荀。實則偏於荀。他對於心的解釋。至少與孟子不同。六朝時徐遵明主張。『本心是我師。』上面追到孟荀。下面開出陸王。可以說陸王這派的主要點。六朝時已經有了。不過董仲舒徐遵明的主張。不十分精深光大而已。

隋唐以後。禪宗大盛。禪宗有一句很有名的口號。『卽心是佛。』可謂對於心學。發揮得透徹極了。禪宗論心與唯識宗論不同。唯識宗主張『三界唯心。萬法唯識。』這類話不承認心是好的。所謂八識。一、眼識。二、耳識。三、鼻識。四、舌識。五、身識。六、意識。七、末那識。八、阿賴耶識。末那卽意根。阿賴耶卽心。這兩樣都不好。佛家要銷滅他。唯識宗認爲世界種種罪惡。都由七八兩識而出。所以主張轉識成智。完全不把心當作好東西。禪宗主張『卽心是佛』這都是承認心是好的。一點醒。立刻與旁人不同。與孟子所謂『萬物皆備於我。反身而誠。樂莫大焉。』立論的根據相同。

禪宗的思想。影響到儒家。後來宋儒。卽根據『卽心是佛』的主張。解釋孔孟的話。研究的對象。就是身體狀況。修養的功夫。首在弄明白心的本體。心明白了。什麼都明白了。宋儒喜歡拿佛家的話。解釋繫詞。大學及孟子程子定性書說。『所謂定者。動亦定。靜亦定。無將近乎內外。……故君子學莫若廓然大公。物來順應。』這類話與禪宗同一鼻孔出氣。禪宗五祖弘忍傳衣鉢時。叫門下把各人見解寫出來。神秀上座提筆在牆上寫道。『身是菩提樹。心如明鏡臺。時時勤拂拭。莫使惹塵埃。』大家都稱贊不絕。不敢再寫。六祖慧能不識字。請旁人唸給他聽。聽罷作偈和之曰『菩提不無樹。心鏡亦非台。本來無一物。何處有塵埃。』晚上五祖把他叫進去。就把衣鉢傳給他了。這類神話眞否可以不管。但實開後來心學的路徑。我們把他內容分拆起來。已非孟荀之舊了。程子講『物來順應。』禪宗講『心如明鏡。』這豈不是一鼻孔出氣嗎。

朱陸兩家都受禪宗影響。朱子釋明德說『明德者人之所得乎天而虛靈不昧以具衆理而應萬事者也。』所謂虛靈不昧以應萬事。卽明鏡拂拭之說。陸子稱『聖賢之學心學而已矣。』又卽禪宗『卽心是佛』之說。據我看來。禪宗氣味陸子免不了。不過朱子更多。陸子嘗說『心卽理』『明本心』『立其大者』大部分還是祖述孟子『求其本心』『放其良心』的話。所以說孟子同孔子相近。象山是孟子嫡傳。象山不談玄。講實行。沒有多少哲學上的根據。

陽明路數同象山一樣。而哲學上的根據比較多些。陽明「知行合一」之說。在心理學上很有根據。他解釋大學根本和朱子不同。大學的講格物致知誠意正心修身五事。朱子以爲古人爲學次第。先格物再致知。三誠意四正心五修身循序漸進。陽明以爲這些都是一件事。內容雖有區別。實際確不可分。陽明最主要的解釋見語錄卷二。他說『只要知身心意知物是一件。九川疑曰「物在外。如何與身心意知是一件。」先生曰「耳目口鼻四肢」亦不能。故無心則無身。無身則無心。但指其充塞處言之謂之身。指其主宰處言之謂之心。指心之發動處謂之意。指意之靈明處謂之知。指意之涉着處謂之物。只是一件。意未有懸空的必着事物。』這是絕對的唯心論。心物相對。物若無心不可以外心求物。物又在那裏哩。

陽明文集答羅整菴書又說『……理一而已以其理之凝聚而言則謂之性以其凝聚之主宰而言則謂之心以其主宰之發動而言則謂之意以其發動之明覺而言則謂之知以其明覺之感應而言則謂之物』陽明一生最講心外無理心外無事心外無物物外無心他的知行合一說卽由心物合一說而出致良知就是孟子所謂良心不過要把心應用到事物上去陽明這種主張確是心學他下手的功夫同象山差不多主要之點不外誠意不外服從良心的第一命令下手的功夫既然平易切實不涉玄妙又有哲學上的心物合一說以爲根據所以陽明的知行合一說能夠成立能夠實行而知行合一說又是陽明學說的中心點他思想接近原始儒家比程朱好他根據十分踏實圓滿比象山素樸但祇講方法而已後面缺少哲學的根據

心體問題到王陽明眞到發揮透徹成一家言可謂集大成的學者以前的議論沒有他精闢以後的議論沒有他中肯清代學者不是無聊攻擊便是委靡敷衍大師中如顏習齋戴東原旁的問題雖有極妥洽的地方這個問題則沒有特殊見解可以略去不講幾千年來對於心體問題主張大致如此

附　讀書示例——荀子——

梁任公先生講

吾人讀書。當分所讀之書爲兩種。一「涉獵的」一「專精的」讀書示例。其所舉當然爲專精的。然專精的書。亦不限於古書。如近人著作有專精的價値者。亦可取而專精之。而欲舉例以講。則所舉當然必須屬於古書一類。今試述之如下。

(一)欲讀古書。當先明選擇之標準。選擇標準之法。約有下列各端。——

(1)須求眞書　如專精一書。而其書爲僞書。則枉費一番工力。太不値得矣。如孔子家語。若以爲孔子微言大義之所在而專研之。不知其書乃西晉王肅所僞造。如關尹子。若以爲老子之友所著。其書可貴而研究之。不知全是唐以後掇拾佛老之餘緒者爲之。又如史部之晏子春秋。不可據以考春秋時事。今本竹書紀年。不可據以考上古時事。以其皆爲僞書故也。

(2)須求特別有價値者　眞書之中。又必須求其特別有價値者。如揚雄太玄經。法言。其書眞爲揚雄所作。無疑也。而其書除專除模倣外。更無價値之可言。又如王通文中子。王通是否有其人。文中子是否王通所作。皆是疑問。卽眞有王通其人。文中子眞爲王通所作。亦無價値可言。其他比較的稍有價値。而非有特別價値者。如劉向說苑。新序。韓詩外傳等。則亦不必費全副精力以致力此一書也。

(3)須求其書較普通者　書既眞矣書既有特別價値矣然因其書太專門但能俟專門學者研究之或其書太簡奧但能俟性相近者研究之如老子其書眞也有特別價値也然因其書太簡古太深奧非專門學者必不能引出趣味又如儀禮古六藝之一其書既眞而其重要亦人人所知然除三禮專門家外則研究此書者甚少亦以其書太不普通故也

(4)須求其書有研究之必要及研究之可能者　所謂有研究之必要者謂其書必須下一番苦功方能了解而了解以後可觸類旁通一切書也如孟子與荀子二書其價値相同其篇幅亦略等然以文義論之卽讀孟子易讀荀子難必須下一番苦工以研究之而通荀卽可通孟此所謂必要也所謂研究之可能者蓋古書中眞有不可研究者如管子輕重篇簡直無研究之可能又如墨子之經上經下篇在畢秋帆時代亦幾無研究之可能自孫仲容墨子閒詁出而始有研究之可能

(二)研究一書必須先將此書之宗旨綱領完全了解其關於此書之序文凡例目錄等必須一一細讀

(三)研究一書必須將明白著書之人歷史環境學問淵源等及此書之解題流傳源委等如研究荀子一書至少必須參考史記荀卿列傳及劉向荀子校錄序及近世胡元儀荀子列傳等以明荀子歷史此外如漢書藝文志隋書經籍志……以上各史志旁及郡齋讀書志直齋書錄解題等以考此書之類別部居及關於此類書籍之淵源流別

(四)後世名人之批評如韓昌黎評荀子之語雖亦未盡中肯綮而韓昌黎在中國學術界上當然有相當位置其後如朱子其語類中論荀子之語雖亦不甚詳細然朱子影響於中國學術界之勢力最大其批評必須

注意。近世如汪中荀子通論。爲近世提創荀學者之先輩。亦不可不注意及之。又如陳澧議論精當。心氣和平。其批評亦須兼顧。

(五)須求善本。古書流傳愈久。訛誤愈多。故必須求善本。不然其文字既訛。尙何學說可求。我人幸生乾嘉之後。關於古書之校勘訓詁音釋句讀。皆已爲諸先輩整理粗畢。此層工作省力不少。諸先輩當時本意。蓋欲此層工作完畢之後。再進而求其義理。然用力數十年之後。人亦老死。而不及爲。我人今日得食其賜。此最幸事。卽以荀子而言。若我人生當乾嘉以前。得一明刊世德堂本荀子。已爲大幸。其後浙江書局刊盧抱經校本荀子。則便利學者多矣。直至近時王益吾荀子集解出。而此第一層工作乃粗告完畢。然亦有三四家校本未入。如洪飴孫校本。孫仲容校本。劉師培校本。章太炎校本。及余(先生自稱)歷年來零星著作之關於荀子者。

前言讀書當分三部。最初一部爲「鳥瞰的」。在「鳥瞰的」研究期內。至少須能了解其大綱。第二部爲「解剖的。」在此期工作之時。必須將此書之特別幾要點。解剖而提出之。今以荀子言之。其重要之點可解剖成下列四部。

(一)哲學之要理及求知之方法　此點亦可名爲「認識論。」凡書中性惡。天論。正名。解蔽。各篇所云。皆是也。此爲荀子之本論。

(二)敎育論及修養論　荀子一書。全以敎人爲目的。故此點亦極重要。如修身。勸學。不苟等篇所云是也。

(三)政治論　儒家皆講政治。孟荀皆然。荀子書中如王制及道王等篇是也。

(四)批評　荀子好批評。雖其批評不能稱爲盡當。然有極尊嚴及極嚴厲的態度。非十二子篇可爲其代表。

此四部分固爲荀子學說之重要部分。然更有極重要之點。當特別注意者。則性惡論是也。蓋荀子施學。全從經驗中來。故以人性爲皆惡。此正與西洋之經驗哲學一派相近也。

然此皆爲客觀的見解。尚有主觀的見解。如荀子文章亦甚瑋麗。其後有賦篇等。則全爲文學上原料。如有文學出而研究「荀子之文學」。則凡所謂認識論教育論政治論等。一概可置之不理。而專從事於賦篇等可也。蓋其主觀之立足點不同也。

此以主觀的見解以研究其文字也。若以主觀的見解以研究荀子之學說。亦何嘗不當如此。亦必須先立定吾之立足點。先認清吾之觀察點。以研究之。如荀子之認識論。卽根據於教育論。其教育論卽根據於認識論。究竟以何者爲因。何者爲果乎。則全視乎研究者之立足點觀察點矣。

總而言之。則第一層工夫貴在能總攬其大體。第二層工夫貴在應用精密的眼光。堅苦的工夫。以研求之。然此皆屬於智識一方面者。我謂學問正不特智識一方面而已。尚有修養一方面在後。如研究荀子者。於荀子哲理學說。固須了解。而其道德精神。我人亦當拳拳服膺而效法者也。

荀子一書。可惜無善注本。惟唐楊倞注。已可推爲第一。竟無有再出其右者。可慨也。如孟子一書。尚有趙岐注。淮南呂覽。尚有高誘注。皆漢末大儒。去古未遠。高於荀注遠矣。且荀子一書。其難解更甚於孟子。故更不易知。雖然惟其無善注本。而須我人之自行研究。吾人讀荀子時。除能了解其學說外。更可有校讎古書之練習。亦計之得也。今任擇重要者一二篇講之。

解蔽一篇在荀子一書中極爲重要。除正名性惡篇外。更無重要於是篇者。此荀子之心理學也。東方哲學。無論儒學佛學皆與西方哲學『爲哲學而求哲學』之旨相反。吾前講佛學已言之。蓋佛學以救世爲主。而講佛學非『爲佛學而講佛學』也。此種精神。儒家較佛家尤甚。故解蔽篇雖爲荀子之心理學。然與西洋之『爲心理學而求心理學』之宗旨迥不相侔。蓋此篇殆可名爲『應用心理學』也。推荀子之意。欲從心理學中求得下列之二項用處。

(一)　心靈之修養。

(二)　求學問之眞正方法。

其重要主旨在教學者如何而可至於求學問之路。戴東原謂『不以人蔽己。不以己自蔽。』其言最足以盡此篇之意。蓋人之蔽不外二端。由人而蔽。由己而蔽。由人者解脫尙易。由己而蔽者解脫最難。荀子此篇之意。正示人以釋脫種種矇蔽之方法。亦卽示人以求眞正學問之方法也。

解蔽篇之句讀

『蔽於一曲』楊注云『一端之曲說』未確。蓋荀子之意。謂不見全體而但見一偏之謂。略如佛家『盲人捫象』之喩。

『兩疑則惑矣』——疑字俞蔭甫引管子『疑妻之妾』之『疑』以解之。固是。然亦未盡。此『疑』字當作擬解。易文言『陰疑於陽必戰』禮記檀弓『使西河之人疑汝於夫子』皆『擬』之意也。

『昔賓孟之蔽者』——『賓孟』非人名。楊注極無謂。俞校近是。蓋『賓孟』與『賓萌』『編氓』聲相近。

且亦與『平民』聲相近.

『亂家是也』——『家』荀子中有特義.皆可作諸子百家之『家』.亂家猶言亂道之家.『墨子蔽於用而不知文』——此語極得墨子之癥結.蓋墨子爲絕對的致用主義.極端反對文飾.其蔽在但知狹義的應用而不知涵養休息之間接有益於人心之功莫大也.

『宋子蔽於欲而不知得』——宋子學說今無書籍傳世.不易了解.惟正名篇引之云.宋子云『人之情欲寡而皆以己之情欲爲多.是過也.』之語.其文義不易了解.以意度之.宋子之意但求適可而止.如一衣已可禦寒.則更不必求盈箱溢篋之衣.荀子所謂『欲』非謂宋子有『貪慾』之『欲』.言宋子但求之內心之『欲望』一方面.而更不求之外界供給之一方面也.

『申子蔽於勢而不知知』——勢猶言『權力』.『實力』.『知』字或有誤.但爲何字所誤.不能詳考.或『和』字之誤也.

『由俗謂之道嗛也』——俗字必有誤.但不可考.

『體常而盡變』——楊注非是.『體』非體用之『體』.蓋猶中庸『體物而不可遺』之體.動詞也.猶言『體認』『體諒』.盡亦動字.亦猶中庸『盡人之性.盡物之性』之盡.

『一家得周道』——此疑有脫文.然不可考.周道非謂『周代之道』.蓋言『周徧之道.』

『則不可道而可非道』——猶言『不以道爲可.而以非道爲可.』

『以其不可道之心與不道人論道人.』——猶言『以「不以道爲可」之心.與「不以道爲可」之人論「

以道爲可」之人』

『知而有志』——楊注甚荒唐。此志字卽誌字。卽識字。猶言『記憶』

『人生而有知』——人字疑當作心字方與下文一一脗口

『不以夫一害此一』——此段文義可以譬喻明之。猶吾人讀孟子讀荀子。可同時兼知兩也。然不可讀荀子時。以孟子以見解雜之。讀孟子時亦不可以荀子之學說雜之。又如講天文星辰之躔度可也。講地理州邑之位置可也。必欲牽而一之。創爲『分野』之說。卽所謂『以夫一害此一』也。

『心容』——楊注容爲受。非是。莊子天下篇言「心之容」與此相類。猶今人言『心靈狀態』

『虛一而靜』——道家最提倡「虛」「靜」「一」等。而荀子此處亦言「虛」「一」「靜」。吾人當研究二家所言之同一名詞。其函義是否亦同。道家所言如云『虛室生白吉祥止止』。其所云「虛」爲「虛空」之「虛」。猶宋儒所云『虛靈不昧』。而荀子所謂「虛」則爲「虛心」之「虛」。又如道家所云『一』字之義。其意蓋暗指『視之不見名曰希。聽之不聞名曰夷』之意（其昌按先生此處偶未舉例。今按老子所云『載魂魄抱一』『道生一』。莊子所云『乃復歸於寥天一』。皆可爲例。）而荀子所云之「一」爲不以『夫一害此一』之「一」。與道家之「一」。意義亦異。至於「靜」字。亦與道家全異。道家之意蓋指『無勞爾形。無搖爾精。乃可以長生』。而荀子則代表儒家思想。當時儒家思想則不然。孔子云『言天下之至賾而不可亂也。言天下之至動而不可惡也』。所謂「靜」者。欲從至賾之中至動之中而不至於亂不至於惡（其昌按朱子語云『惡』之意。猶俗言「不耐煩」）其後如朱子云『只是一片懶散精神。漫無着落。便是萬惡淵藪。』曾文正云『精神愈用則愈出』荀子一派儒家之見解。正是如此。不如道家之摒棄一切以求靜。正欲從事務紛繁之中。力求此心『虛一而靜』也。

『凡以知人之性也。可以知物之理也。』此段有誤字。楊注云。『以知人之性推之。則可知物理也。』是所謂求其說而不得。又從而爲之辭也。今詳味文義。當作『凡可知人之性也。可以知物之理也。』其意若謂『凡可知者人之性也。此可知之性。可以知物之理也。』此卽佛家所謂『能』『所』之理。人之性。爲『能知』物之理。為『所知』。蓋人有能知之性。物有可知之理也。荀子之意如此。

『以可以知人之性。求可以知物之理。』——『以可以』下『以』字。衍文。

1912

飲冰室叢書

儒家哲學

作　　者／梁啓超 著
主　　編／劉郁君
美術編輯／鍾 玟

出 版 者／中華書局
發 行 人／張敏君
副總經理／陳又齊
行銷經理／王新君
地　　址／11494 台北市內湖區舊宗路二段181巷8號5樓
客服專線／02-8797-8396　傳　真／02-8797-8909
網　　址／www.chunghwabook.com.tw
匯款帳號／華南商業銀行　西湖分行
179-10-002693-1　中華書局股份有限公司

法律顧問／安侯法律事務所
製版印刷／維中科技有限公司　海瑞印刷品有限公司
出版日期／2018年11月台二版
版本備註／據1956年5月台一版復刻重製
定　　價／NTD 250

國家圖書館出版品預行編目（CIP）資料

儒家哲學 / 梁啟超著. — 台二版. — 臺北市
: 中華書局, 2018.11
面 ; 公分. — (飲冰室叢書)
ISBN 978-957-8595-12-5(平裝)

1.儒家

121.2　107016334

NO.L0013
ISBN 978-957-8595-12-5（平裝）